Ernest August Göchhausen

Meine Reise

Ernest August Göchhausen

Meine Reise

ISBN/EAN: 9783744656092

Hergestellt in Europa, USA, Kanada, Australien, Japan

Cover: Foto ©ninafisch / pixelio.de

Weitere Bücher finden Sie auf **www.hansebooks.com**

[...] betrügt, betrügt und stielt so [...]
andern, daß bey meiner Seele! [...]
nalität fast so rar geworden ist,
Ehrlichkeit.

Tr. Skandy 9ter Theil, 1[...]

Dritte rechtmäßige Auflage.

Eisenach,
bey Johann Georg Ernst Wittek[...]
1 7 7 6.

Vorrede
des Verlegers.

―――――

Nun sind es acht Wochen, als ich zu dem Herrn Verfasser dieses meines Verlagsbuchs gieng, und ihn ersuchte mir eine Vorrede zu gegenwärtiger Auflage zu machen.

Was wollen Sie damit? sagt er.

Ich lächelte. Es ist eine Neue Auflage, sprach ich; ich will sie ohne Vignetten geben und ―

Das

Das alles bedarf keiner Vorrede! unter=
brach er mich. Aber Sie wissen doch, sagt'
ich, daß man mirs nachgedrukt hat?

Ich habe davon gehört. —

Und daß mir das nicht gleichgültig seyn
kann?

Mir auch nicht! —

Und daß ich also eine Vorrede brauche,
die dem Manne die Wahrheit teutsch sagt,
der andrer Leute Eigenthum —

Mein Freund, sprach er, kein Mensch
mischt sich weniger in andrer Leute Händel,
als ich, und überhaupt, bedenken Sie ein
wenig, wie einem Büchlein von dieser Art
eine so streitbare Vorrede kleiden würde, als
Sie eine von mir verlangen. Ich wenig=
stens wüßte keines unter der Sonne, das
weniger Fehd an der Stirn tragen könnte,
als eins, das, wie das meinige, Friede
und Nachsicht predigt. —

Gut

Gut ſagt' ich; aber ich weis auch nichts unter der Sonne, das ungerechter wär, als ein Nachdruck! —

Und das wollen Sie in der Vorrede ohngefähr geſagt haben? —

Ja! und noch mehreres von der Art.

Wer hindert Sie, ſagt er ganz gleichgültig, eine ſo gepanzerte Vorrede ſelbſt zu machen? Aber auf dieſen Fall dient zur Nachricht; Laßen Sie mein Büchlein damit auftreten, ſo verlaſſen Sie Sich darauf, ich ſags der gantzen teutſchen Welt, in den 365 Journalen, die wir haben, daß ich an dem Gefechte keinen Antheil nehme. —

Ich rieb mir die Hände.

Ich wüßte wohl einen Rath gegen die Nachdrukerey, hub er an; aber, er verträgt ſich mit den Vortheilen Eurer Firma nicht —

Und der wär? —

Geben Sie die neue Auflage noch wohlfeiler als den Nachdruck.

Kant

Kanſt denken, lieber Leſer, wie mir bey dem Vorſchlag zu Muthe ward! Ich lies mir's merken. Er lächelte ruhig, und ſagte: Ich dacht's wohl, daß Sie Sich dazu nicht bequemen würden! —

Ich kann's nicht! ſagt' ich; denn bedenken Sie —

Ich bedenke, als Verfaſſer meines Buchs, nur ſo viel, daß ich es in der Abſicht machte, damit es in des Völkchens Hände kommen ſollte, und mein Wunſch war: ſo wohlfeil, ſo leicht, wie ein A. B. C = Buch! Ihre theure Auflage hat meinen Wunſch vernichtet. Ich beklage mich weiter nicht darüber; aber ich für meine Perſon, kann Ihrem Nachdrucker ohnmöglich ein böſes Geſicht darüber ſchneiden, daß er meine Abſicht befördert hat, ob er gleich bey ſeiner Auflage ſo wenig an das alles dachte, als ich an ihn. —

Und damit fertigte er mich ab.

Nun

Nun, guter teutscher Leser, kannst bey mir so gut und so wohlfeil kaufen, als bey einem andern. Ist doch immer Mein Eigenthum das Büchl', — in gewißem Verstand.

Geb' dirs auf diesmahl weder für vermehrt noch für verbessert aus; du müßtest denn diese meine Vorrede für etwas rechnen, die ich dir indeßen oben drein gebe, ohn' einen Pfennig mehr dafür zu fodern, als du mir ohne sie auch hättest bezahlen müssen.

Wenn die fürchterliche Republick noch zu Stande kommen sollte, die unsre Zunft ruiniren wird, und ruiniren soll, und sie will dir denn M. N. auch um wohlfeilern Preis verschaffen, so hab ich — wenn ich doch die unglückseeligen Zeiten erleben sollte, wo es nicht mehr bey unsrer Firma stehn wird, was ein gutes, oder ein schlechtes oder ein mittelmäßiges Werk werth sey, — alsdenn weiter nichts dagegen einzuwenden. Geht

alles

alles verlohren — als woran ich doch, mit Gunst der Männer, die unsern Ruin schon entworfen haben, vor der Hand und so lange noch zweiflen, als —

Doch wir wollen davon nicht weiter reden! Wird sich alles schon von selbst geben und ich mag die geheimen Kräfte und Künste unsrer Republick gerade nicht ausplaudern!

Lies nur, lieber Leser, meine neue Auflage und sey dir's gedeyhlich, und mir, wenn du liesest!

Eisenach,
den 10. Aug. 1776.

der Verleger.

Innhalt

Innhalt der Kapitel.

Der

Das

Die

Etwas

Etwas für die scharfsichtigen Kunstrichter

 M . . . . R . . . . ! — ein wunderlicher Titel von einem Buche! — Was in aller Welt soll er bedeuten? —

Rathen Sie, liebe Herren, so viel Ihnen beliebt; aber ich wette, Ihre Mühe ist vergeblich! —

Miß R . . .? —

Warum nun gerade Englisch? —

Meine Reflexionen? —

Sie sind ein Deutschverderber —

Mein Raritätenkasten? —

Ganz einfältig sind Sie nicht Herr Hexenmeister. —

Mysteriöse —

Halt! was wollen Sie? —

Meine Reisen? —

A   Ey

Ey du verzweifelter Mann, wer du auch seyst! Du verdirbst mir alles durch deine unselige Wäscherey. Was werden nun die Kunstrichter sagen, welche schon längst verboten haben, daß kein Deutscher reisen soll, und die nur den Titul und allenfalls die erste Seite eines Buchs zu lesen brauchen, um getrost ihr Urtheil davon zu fällen. Für diesen Herren wollte ich so gern incognito reisen; aber nun ists nicht mehr möglich.

Apologie.

Tiefer Friede sey mit Ihnen allen, meine Herren Seher, Ausleger, Kritikakler, und wunderliche Philosophen, von denen die Rede in meinem Büchlein seyn wird, nach Stand und Würden! — Ich weiß Ihnen und Ihrer Kennerschaft wegen der Absicht meiner Reisen, wegen des Gegenstands derselben, und wegen der Originalität oder Unoriginalität meines Einfalls in der That nichts weiter zu sagen, um zwischen mir und Ihnen einen ewigen Stillestand zu machen, als was der ehrliche Shandy und Vater Plinius, (wie Sie, ohne Ihre Beschwerde auf denen beyden Seiten des Titulblatts lesen können,) schon gesagt haben.

Sie, liebe Herren, sind einmal in dem Besitz, blind und lächerlich zu seyn, und wir andern guten Menschenköpfe in dem, über sie zu lächeln. Sollte Ihnen hie und da in meinen Reisen eine kleine treffende Copie auffallen, so ersuche ich Sie, nur nicht mich, sondern Ihr eigenes Gewissen deßhalb zu befehden.

Auf

Auf mein Wort! ich habe nicht die Ehre einen einzigen unter Ihnen von Person zu kennen, und ich erkläre hiermit frey, daß ich ganz unschuldig daran seyn will, wenn irgend einer unter Ihnen eine Nuß, die bloß dem ganzen ehrsamen Haufen hingekullert wird, aufheben, sie in der Meynung, sie sey für ihn allein bestimmt, aufknacken, und die Zähne davon verderben wollte. —

Yorick.

Da lag er auf dem Canapee, und ich rief: Herein! —

Dieß setzet voraus, daß ich in Yoricks Reisen gelesen habe —

(und eben dadurch; — denn was ist natürlicher? — auf den neuen Einfall gerathen bin, auch zu reisen, —)

und von irgend jemand, der an die Thür geklopfet, gestöret worden sey, oder — daß mich mein Gehör gänzlich betrogen haben müsse.

Um niemand auf den Fußzehen stehen zu lassen; — denn diese Stellung ist verzweifelt unangenehm, — will ich es nur gleich sagen: es war der Briefträger, der an meine Thür klopfete, eben da ich meine Lorenzodose*) öfnete, und die Geschichte des armen Paters schon zum zwanzigsten mal eben

A 2 so

*) Lassen Sie mir immer diese Dose, liebe Herren, die Sie über alles lachen, oder vergeben Sie mir, wenn ich zur Vergeltung auch Sie lächerlich finde.

so stark auf mein Herz würkete, als da ich sie das erstemal las. Gott sey gelobt! ich meyne, ich werde nicht der erste seyn, der dies gern laut gestehen wird. ──

Vier Groschen Porto, und 3 Pfennige vor mich, sagte der Briefträger, und legte einen Brief auf meinen Tisch. ──

Ich grif mit einem Gefühl von Mißbehagen, von welchem ich den Grund nicht entdeckte, noch entdecken mochte, in meine Tasche, zählte dreymal an dem Gelde, und verzählte mich dreymal; denn ich dachte nicht daran. ──

So wahr du lebst, Gelbrock, und so gewiß ich kein Briefträger seyn möchte! das ist sehr ungleich eingetheilt. ── Du ── daurest mich; aber ── itzt kann ich dich nicht recht lieben.

Dies dachte ich, und verzählte mich, und vergaß endlich gar das Geld und das Zählen und den Briefträger, über dem Zählen und der ungleichen Austheilung und dem Briefträger. ──

„Wunderlich genug ist das! das Zählen über dem „Zählen, und den Mann über ihm selbst zu verges„sen! ──“

Liebe Herren, meynen Sie, ich sey ein Münzmeister, der das Geld um des Geldes willen zähle? oder, ── aber hübsch aufrichtig! ── geht es einigen Philosophen besser, die die Weltweißheit über dem System, und die Moral über dem Moralisiren vergessen? ──

Der arme Briefträger stand von ferne, ich steckte mein Geld wiederum ein, und setzte mich so ruhig auf

mein

mein Canapee, als wenn kein Postamt, und keine Postkalesche, und keine neugierigen Postbeamten, — deren es, unbeschadet des guten Rufes ihrer bessern Mitbrüder, mit unter giebt, — und keine wunderlichen Philosophen, und kein Geld, und keine Briefträger in der Welt wären. Ich nahm meinen Yorick, und wollte fortlesen. —

Hm! brummte der gelbröckige Mann, und machte eine seltsame Bewegung mit dem Arm, auf welchem des Heil. Röm. Reichs zweyköpfiger Adler gestickt war. Ich sah auf, und er lächelte.

Aha! vier Gröschen für dich mein Freund? sagte ich, und griff nochmals in die Tasche, und wurde noch ungedultiger. —

Nein, mein Herr! drey Pfennige für mich, und 4. Gr. für das Postamt. —

Wie es zugehe, daß man zuweilen, und gerade zu der ungelegensten Zeit, schnell böse werde, ohne gleich zu wissen warum? das mögen die Weisen entscheiden, die die menschliche Seele und unser Blut auf das genaueste kennen, wie sie sagen.

Meiner geringen Meynung nach gehet es damit zu, wie mit dem Klugseyn. Man ist es oft, ohne zu wissen warum? —

Ich halte mich nie gern ohne Noth auf, und deshalb ist es genug, wenn ich gerade zu bekenne, daß ich bös ward, da der Briefträger so ehrlich war, und die 4. Gr. nicht für sich behalten wollte. —

„Eine wunderliche Ursache! —"

Ey!

Ey! wer giebt dies zur Ursache an? Es war nur die Gelegenheit, bey welcher meine Galle beweget wurde.

Da! sagte ich ungedultig, und warf ihm einen halben Gulden auf den Tisch.

Er zählte noch länger als ich; aber gewiß aus andern Ursachen, und gieng dann, nachdem er das übrige Geld in lauter Dreyern auf den Tisch gezählet hatte, langsam zur Thür hinaus.

Ich wollte meinen Yorick wieder nehmen, und meine Galle widersetzte sich.

Und was will das sagen? sprach ich zu mir. Ich will meinen Yorick lesen. —

Du sollst nicht, sagte meine Galle.

Du sollst, sagte mein Kopf und mein Herz.

Was? dachte ich, bin ich den dreymal besonders ich? Wer von diesen dreyen ich wird nun Recht behalten?

„Sie sind ein schlechter Metaphysicker Herr Au-
„tor! — Yorick verstand es besser! —“

Still, mein Freund, mit Ihrer Pedanterie! Was Sie da sagen, oder sagen wollen, versteht kaum ein tausend Theil der Menschen. Lassen Sie mich fort-plaudern. —

Nun dann, du mein Kopf und du mein Herz, so saget mir, was will meine Galle? —

Sie will sich an dem armen Briefträger rä-chen. —

Und weshalb? —

Darum, daß er dich unterbrach, da du dich in der allersüßesten Schwärmerey befandest. —

Frey-

Freylich that er das, sagte ich; denn ich las eben mit Entzückung man solle gedultig seyn, und die Uebel der Erde ertragen, ohne —

Folglich auch die Briefträger, wenn sie zur Un= zeit anklopfen. —

Bey dir mein Kopf! und bey deiner Ehrlichkeit, mein Herz! ihr habt beyde Recht, und meine Galle ist nicht klug. —

O, Yorick, Yorick! wenn du gesehen hättest, daß ich die Geschichte des Paters Lorenzo las, von einem Briefträger, — der dazu berufen war, mich auf ei= ne geringe Probe zu setzen, — unterbrochen wurde, und dem armen geplagten Läufer nicht gern verzieh, daß er so gutherzig war, und für kahle 3. Pfennige einen beschwerlichen Weg für mich that, den ich ohne ihm und seines gleichen selbst hätt thun müssen; — hättest du das sehen können, ehrlicher Yorick! —

Dies sagte ich in der tiefsten Betrübniß meiner Seele. —

„Und Sie liefen ihm nicht nach, und verbesser= „ten ihren Fehler, Herr Autor? — “

Nein lieber orthodoxer Herr, das that ich nicht; denn Sie sehen wohl, ich verhörete meine Galle, und das nahm mir so viele Zeit weg, daß der Briefträger unterdessen über alle Berge war. Das sage ich Jh= nen aber zu, in Zukunft soll mich nie ein Geschöpf, — auch Sie und alle Casuisten nicht, — auch die Flie= ge nicht, die sich auf meine kurze Nase setzet, und — auch der Narr sogar nicht, der mich mit Schneebäl= len werfen will, dahin bringen, daß ich vergesse, wo=

zu

zu mir mein Freund J.... eine Lorenzodose von ....
zusendete. —

Für Sie, mein geliebter J....

Sie kennen mich, wenn ich Ihnen sage, daß Sie
mir den 29. Junius 17... die Lorenzodose
auf der Post schickten, und mein Herz annahmen,
das ich Ihnen anbot. Sie hielten es Ihrer Achtung werth, da Sie mir sagten:

„Seyn Sie mein Freund, und begleiten Sie mich
„durch dies Leben hin, welches nur Liebe und Freund
„schaft angenehm machen können.‟

Als Autor bin ich nur wenig bekannt. Als Ihr
Freund bin ich es von nun an jedem, der diesen Brief
lesen wird, und dieser Titul ist mehr, und mir schätzbarer, als der Größeste den man um Geld erkaufen
kann. Als ein Biedermann bin ich es dem Herz einiger Rechtschaffenen, und mit dieser Dunkelheit,
wenn es eine ist, bin ich zufrieden.

Sollte dieser Brief jemals von Ihnen gelesen werden, so erinnern Sie sich, daß er für Sie allein ist.
Nennen Sie keiner Seele, — außer unserm G....
Der mich liebt, weil ich Sie liebe, den Mann, der
so viel Ursach' hat, mit seiner kleinen Unbeträchtlichkeit vergnügt zu seyn; der der Welt gern unbekannt
bleiben möchte, und der den Frieden zu sehr liebt,
um gewissen Kunstrichtern verrathen seyn zu wollen.

Oeffentlich wiederhole ich Ihnen, mein Geliebter, meinen Dank für die Lorenzodose. Oeffentlich
bekenne ich Ihnen, daß ich sehr oft Gelegenheit habe,

be, mich derselben zu bedienen. Nicht immer wird
mir der Sieg leicht, den ich über mich selbst erhalten
soll; auch DAS bekenne ich Ihnen.

Leben sie wohl, und lieben Sie mich ferner. Ich
hoffe, mein Herz, darf dies kühn fordern; denn es
verlangt mehr nicht als es selbst giebt. —

Und nun?

Freylich liegt der Brief, den mir der Briefträger
brachte, noch uneröfnet auf dem Tisch, —
wenigstens für meine Leser. Ich soll Ihnen den
Innhalt desselben sagen, zumal denenjenigen, die die
Geschichte des Briefträgers sehr abgeschmackt gefunden haben. Allein, Sie, meine Herren und Damen, die Sie meine Reise wahrscheinlicher Weise
mit eben der Disposition in die Hand genommen haben, mit der sie etwan eine Operette, oder ein Ge-
sangbuch, oder einen kleinen französischen Roman,
ergreifen, um ein paar Minuten, die Sie mit nichts
ausfüllen können, als mit einer lesenden Stellung,
hinzugaukeln; — oder Sie, meine lieben Herren,
die Sie in die Zeitungen oder andre Mährlein so zärt-
lich verliebt sind, als Domquichott in sein Barbier-
becken, — Sie werden belieben, sich an Ihre bis-
herige Lecture zu halten, oder mir zu erlauben, daß
ich meinen Weg langsam fortschlendere, und mich
hie und da ein wenig aufhalte, zu lachen oder zu
weinen, oder zu plaudern, und daß ich zuweilen einen großen Sprung vor Ihrer Einbildungskraft voraus thue, ohne mich um Sie zu bekümmern.

A 5 Ich

Ich ſitze noch auf meinem Canapee. Ich habe meinen Brief noch nicht geleſen. Ich habe noch nicht eingepackt. Die Poſt iſt noch nicht beſtellet. —

„Aber das alles iſt ewig langweilig! —‟

Deſto ſchlimmer für Sie, meine Herren. —

„Und auch vielleicht deſto ſchlimmer für den Au‑ „tor! —‟

Es kann ſeyn.

Das Canapee.

Du verdienſt ein beſonderes Kapitel, mein liebes Canapee, und ich denke du gehöreſt eben ſo gut in eine Reiſegeſchichte, als irgend etwas, das da nicht ſtehen ſollte, wo man es hingeſtellet. Aber ich will dich ſo ſtellen, daß du nicht jedermann im Wege ſtehen ſollſt.

Geſegnet ſey der Menſchenfreund, der dich er‑ fand! Gewiß der Mann war keiner derer Weiſen, von der Schildkröten Art, die mit ihrer einſamen Schale, oder Tonne verlieb nehmen, und eben ſo wenig liebte er das Syſtem des einſiedleriſchen Ei‑ chelfreſſers. Und, was auch gewiſſe Doctoren ſa‑ gen, — die jedes Ding nur von einer, und gerade von der unrechten Seite betrachten, — die Idee, in einem Faß, oder auf einem Baum, oder unter dem‑ ſelben zu wohnen, und keiner Seele den Weg zu ver‑ ſperren, iſt lange ſo gutartig und menſchenliebend nicht, als die einen langen, weiten, und weichen Stuhl zu erfinden, auf welchem die Geſelligkeit ihre Rechnung findet.

So

So oft ich in ein Zimmer trete, und kein Canapee in demselben erblicke, so oft beklage ich den Mann
der es bewohnet, und seinen Diener, wenn er einen
hat, vom Grunde meines Herzens. Was für Umstände, was für ein leeres und steifes Gewäsch, ehe
dem Fremdling sein besonderer Stuhl gesetzet wird!
Was für Zeitverlust von dem Augenblick an, da man
die Thür öfnet, bis dahin, daß man sich, Gesicht
gegen Gesicht auf 2 einsame Stühle des Alterthums
pflanzet, oder zuweilen hinauf klettert! Wie kurz ist
dies alles hingegen in einem Zimmer abgethan, in
welchem ein niedriges, freundlich einladendes Canapee fest stehet, auf welchem der Weise und der Narr
zugleich bequem plaudern können; auf welchem sich
die Athmosphäre des Empfindsamen mit der Athmosphäre der Freundin oder des Freundes so leicht
und so vertraulich vermischen kann; und auf welchem
oft der mit Schulden beladene Mann im Stern, den
Biedern Gläubiger im unverbrämten Rock, neben
sich, Falte an Falte, duldet, den er auf der Stras-
ße — aber genug! Was für Vortheile für die
Menschheit! Gesegnet sey das Gebein, und die Asche
des gutblütigen Faullenzers, der sie ihr verschaffete,
da er das erste Canapee erfand! —

Der Brief.

Vier Groschen kostete er mir, und hundert war er
  werth; denn ohne ihn wäre ich nimmer gereiset, und folglich hätte ich nicht erzählen können, wie
ich gereiset bin, und wo hätte ich eine so schöne Gelegen

legenheit, oder Veranlaſſung finden ſollen, eine Croi-
ſade zu machen? Sein Innhalt bewog mich zur
Reiſe. —

Uebrigens war der Brief der Form nach ein
Brief — wie es viel andere auch giebt, in welchen
man etwas ſagt, das eben ſo gut ungeſagt bleiben
könnte, und welches die Hauptwiſſenſchaft gewiſſer
höchſt aufhaltenden und übergeſitteten Leute iſt, mit
denen man nach Verlauf von einigen jämmerlichen
Stunden nicht um ein Haar näher zum Ziel kommt,
als man in der erſten Minute war. — Ein er-
baulicher Complimentenreicher Brief. —

Da ich ihn geleſen hatte, und nun genau wußte,
was meine Leſer itzt auch wiſſen, — wenn ſie bis
hieher zu leſen Gedult genug gehabt haben, — näm-
lich, daß mein Reiſewagen denen gepflaſterten Straßen Schaden und Abbruch thun würde, und daß ich
dieſen Abbruch und Schaden mit baarem Gelde würde vergüten müſſen, rief ich meinen Diener. —

Aber da dieſer weder einen Brief leſen noch ſchrei-
ben kann, ſo hat er auch in dieſem Kapitel nichts zu
thun.

Pumper. Affengeſichter. Yoricks Mantel.

Von meinem la Fleur wollte ich nicht reden; allein ich habe mich anders beſonnen; und
überdem halte ich dafür, Pumper werde nicht über-
all übel contraſtieren. Allenfalls mag der erſte
Grund hinlänglich ſeyn; denn nichts iſt bequemer
als

als das, daß man sich an keinen Plan binde, man
habe ihn selbst entworfen oder nicht. Ueberhaupt
meyne ich, es werde nun nichts schlechter auf Gottes gutem Erdboden stehen — wie Pumper diese Kugel zu nennen pflegt, so oft ihm irgend etwas behaget, — wenn man zuweilen den Weg gienge, der
uns gelegentlich der bequemste dünkt, und wenn man
nicht immer die große Heerstraße reisete, bloß weil
sie die volkreichste ist; denn, wofern ich nicht sehr
irre, so ist sie eben deshalb die schmutzigste.

So lange ich lebe, bin ich immer, wo ich nur
konnte, — und nicht augenscheinliche Gefahr vor
mir sahe, auf Creutzwegen wie eine tumme Säule
stehen zu bleiben, — von der Landstraße ab, auf irgend einem einsamen Fußsteige gewandelt, und wenn
ich dann einen ander entdeckte, der mir noch besser
behagete, verließ ich den vorigen, und schlich auf
diesem da vor mir hin. Ich habe mich wohl dabey
befunden, und das wenigstens dabey gewonnen, daß
ich nicht immer ewigen Schmutz und lauter ähnliche alltägliche Menschen- oder Affengesichter sahe. —

(O Yorick! nimm deinen Mantel in Acht! Der
Autor bestiehlt dich.) —

Nicht doch, meine Herren! Ich wandle meine
eigne Straße, und ich werde hierüber mehr als ein
Gefecht mit Ihnen halten. Meynen Sie, ich gäb
Ihnen, ohn mein Wissen, und ausdrücklichen Vor-
satz Gelegenheit Ihre Bemerkungskunst auszukra-
men? Setzen Sie sich schnell hin, und zeichnen alle
Yoricke, und was Ihnen in meinen Reisen mißfällt,
aus. Wenn Sie aber das allerletzte Kapitel ausge-
lesen

lefen haben werden, und der Plan meines Büchleins
nebst allen meinen Absichten liegt Ihnen dann erst
unverdeckt für ihrem kritischen Auge; dann — strei-
chen Sie eine und die andere Ihrer Bemerkungen
wiederum weg, wie ich gänzlich hoffe. Wo nicht —
nun, so mögen Sie sich Ihrer eigenen Augen nach Ihrem Vermögen bedienen! Was geht mir auch im
Grunde dieses oder jenes Mannes Staar an?—)

Auf nichts bin ich eifersüchtiger als auf meine Freyheit, und ist es nicht schon an dem genug, daß ich mich
oft nicht widersetzen darf, wenn hie oder da ein Doctor
mich bey meiner Nase nimmt, und mit mir über Hecken
und Sümpfe fortrennet, um mir den geradesten Weg zu
der Glückseligkeit in dieser und jener Welt zu zeigen?
Traun! ein Biedermann hängt hinlänglich von den
grillenhaften Köpfen auf dieser Kugel, von den Ele-
menten, von Vorurtheilen, von mancherley positi-
ven Gesetzen, (gegen welche er keine Ausnahme machen
darf, ohne Unheil anzustiften,) und von mehrern andern Dingen ab, als daß man es ihm verdenken könnte,
wenn er, so oft sich das schicklich thun läßt, von dem
Wege abgeht, den Andere für den besten erkläreten, ehe
sie ihn um seine Meynung befragten. —
Aber wo bleibt Pumper? — "
Der Himmel und meine Leser wissen, daß die Kapitel
ganz umsonst so hieß, und vielleicht ist dies nicht das
letzte, zu welchem der Titul genau so passen wird, als —
etwan eine seidene Halfter um das Genick eines Buben, der gern Ritter genannt seyn möchte, weil er weiß,
es sey itzt leichter ein Ritter zu seyn, als ein ehrlicher
und weiser Mann. —

Pumper

Pumper, für die Mahler.

Ob Pumper in diesem Kapitel vorkommen wird, das — lieben Leser, das weiß ich selbst noch nicht recht gewiß. — Aber, wenn meine Reise sich auch bis gegen die Nacht verziehen sollte, so meyne ich, es sey gänzlich meine Angelegenheit, und nicht die Ihrige, wenn ich mich der Gefahr aussetze, in der Finsterniß mit meinem Wagen umgeworfen zu werden.

Pumper! rief ich, und er hüpfete zu der Thür herein. — Aber sie kennen Pumpern noch nicht. Er ist nicht la Fleur, aber doch ein besonderes Geschöpf.

Vier

Vier und einen halben Schuh hoch, und zwey und einen halben Schuh im Durchmesser. Sind Sie ein Künstler, so verjüngen Sie dieses Maas, und zeichnen Sie dann um die Puncte folgende Figur:

Einen dicken spitzen Kopf, dessen wenige graue Haare Sie belieben werden, unter einer antiken aber immer schön gepuderten Perücke zu verbergen. Eine breite Stirn mit einer großen Schmarre; starke schwarze Augenbraunen, große überhangende Augenlieder, welche ihn sehr verhindern, den Mond zu betrachten, den er vorzüglich liebet, eine platte Nase, und, wo es Ihnen gefällig seyn sollte, sich Pumpern im Profil vorzustellen, so benachrichtige ich Sie, daß Sie ihn von der linken Seite zeichnen müssen, wenn Sie einen zerlöcherten und zerschossenen Kinnbacken sehen wollen; von der rechten aber, wenn Ihnen daran gelegen ist, ein Menschengesicht vorzustellen, dessen Maul gerade in der Gegend steht, wo an jedem andern das rechte Ohr angebracht ist. Wenigstens, wenn Pumper lacht, — und er ist ein freudenvolles und gramloses Thier, und das ehrlichste unter dem Mond, und lacht stets, — dann verfügt sich die rechte ecke seines Mauls perpendicular unter das rechte Ohrläpplein, die linke aber in gleicher Linie unter den Nasenknorpel; woher es dann kommt, daß ich eine besondere Richtung für meinen Kopf habe aussinnen müssen, um zu verhindern, daß Pumper, wenn er mir etwas in eines meiner beyden Ohren sagen will, mir nicht in den Mund, oder in den Haarbeutel hinein rede.

Pum-

Pumpers Kopf ist auf einem Hals gepfropft, der nur verhindert, daß seine Ohren nicht unmittelbar auf seinen Schultern liegen.

Sein Rückgrad hat viel Aehnlichkeit mit dem Rückgrad eines beladenen Dromedars, und ist überaus hoch gewölbet, dergestalt, daß seine Nase, so platt sie immer ist, dennoch weit voraus, und genau über die Spitze seines birnförmigen dicken Bauches steht. Auf diesem erhabenen Rückgrad ruhet, in der unbequemsten Lage, ein großer Haarbeutel, oder auch ein zusammengewickelter Knäuel Ziegenhaare von dem Hintertheil seiner Perücke.

So wie Pumper da ist, tanzt er dem ohngeachtet mit vieler Geschicklichkeit und nicht ohne Anmuth.

Sein immer fröhliches Herz bemerkt kein Uebel der Erde, als Mondfinsternisse, den Durst, und seines Herrn Hipochondrie. Im Ganzen ist sein Humor mit nichts zu vergleichen, so wie seiner Maschine keine näher kommt, als die vom Ritter Hudibras bey ... ßt ... en Andenkens.

In Ansehung der Herzhaftigkeit und des kalten unzuerschütternden Muthes ist er dem ehrlichen Pipes in nichts nachzusetzen, und in Betracht seiner Treue gegen mich, ist er Pansa der zweyte, so gewiß als ich niemanden anrathen will, Donquichott der zweyte zu seyn.

B

Pum=

Pumper, Belisar.

Pumper! rief ich, und er hüpfete — das ist seine gewöhnlichste Bewegung, — herein. —
Was befehlen Sie? —

Befehlen, befehlen! du weißt, daß ich dies Wort
nicht leiden mag. Ist es dir nicht genug, daß du
mich Herr nennen mußt, du sclavische Seele? —

Ich will lieber Ihr Diener seyn, als eines andern Herr, und ich lasse mir von niemand befehlen,
als von Ihnen. —

Daran thust du noch wohl, mein Freund; denn
bey Gott! der Mann ist elend, der mehr als einem
gehorchen muß, und der ein Narr, der ein frey-
williger Lastträger von vielen ist. — Aber Pumper, — bestelle mir die Post. —

Heute noch, lieber Herr? Es ist schon vor zwey
Stunden Nacht, und Sie hätten das wohl an Ihrem Lichte bemerken können, wenn Sie sich nicht
immer vertiefeten, und wenn —

Du bist sehr beredt auf den Punct, Pumper. Ich
weiß es, daß du die Litteratur sehr hassest, und lieber nach deinem Freund dem Mond hinschauest, als
nach einem Bogen Papier —

Ey lieber Herr! Sie würden besser thun, wenn
Sie Gottes lieben Mond auch zuweilen betrachteten,
wie unser einer. —

So meynest du also, man habe seine beyden Augen zu nichts weiter bekommen, als hiezu? —

Ich meyne nur, daß Gott, der wohl weiß, was
er thut, einem Mann gewiß nicht deswegen zwey

Augen

Augen an seinen Kopf gesetzt hat, daß er sie im Lichts
dampf verderben soll. —

Traun! mein Freund, du hast nicht ganz Unrecht;
aber siehe, wenn habe ich dich gehindert, den Mond
nach deiner großen Muße zu betrachten, so viel es
dir beliebte? —

Lieber Herr, Sie haben es freylich nicht, ich weiß
es; aber ich wollte doch, daß Ihr Buchhändler
blind wäre! —

Und warum, Pumper? —

Weil er daran schuld ist, daß Sie es in zwey
Jahren seyn werden. Gott verhüte das; aber dann
weiß ich wohl was ich thue. —

Nun? —

Wenn Sie denn stockblind seyn werden, wie der
Mann, der — Gott verzeihe mirs! aber ich habe
seinen Namen vergessen; — der — der — nun,
der keine Augen mehr hatte, wie Sie mir auch einmal
erzählet haben. —

Wer war der Mann? —

Ich weiß viel! Sie sagten mir, er hätte keine Aus
gen gehabt, und wäre doch ein Kaiserl. General in
der alten Zeit gewesen. —

Aha! das war Belisar, mein Freund. —

Ja, den meyne ich. —

Nun, siehe, dies wird mein Fall nicht seyn; denn
man stach ihm die Augen aus, und er hörte auf Ge=
neral zu seyn. —

Gut! als wenn es nicht ganz einerley wäre, ob
einem die Augen ausgestochen werden, oder ob er

sonst

sonst stockblind ist! Ich denke, er kann weder so,
noch so sehen. —

Freund, bestelle mir die Post. —

Auf wenn denn? —

Auf Morgen früh. —

Gut, lieber Herr; aber wie lange bleiben wir
weg? —

Das weiß ich so wenig als du. —

Was soll ich denn einpacken? —

Was dir gutdünkt. —

Pumper hüpfte fort, und brachte bald darauf —

„Einen Mantelsack, Herr Autor, damit alles, bis
„auf den da, fein Yorickſch iſt. —“

Durchaus nicht, meine Herren! Ich nehme einen
Koffer mit, und Sie sollen mich hieran nicht hindern.

Eingepackt. Im Ton der Sultane.

Der arme Pumper! Packe ein, sagte ich, und
um das Detail war ich unbekümmert. Unbekümmert, wie viel mühsame Wege ihm das verur-
sachte, daß er aus allen Winkeln weiches Papier und
steifes hervor suchte; jedes Kleid, jedes Kästchen, jede Kleinigkeit einwickelte, und sorgfältig legte. —

Sehen Sie? So reisete Yorick schon nicht. Wie
können Sie meines Pumpers Art einzupacken nicht
wenigstens originell finden, so gut als Yoricks
seine, der weder mehr noch weniger originell ein-
packte als jeder arme Bettler. —

Neh-

Nehmet diese Provinz weg, — schlaget jenes Heer, — jaget diesen König in einen andern Planeten! — Nichts mehr? — Schaffet mir, zu einem Geschenk für diesen oder jenen Nichtswürdigen, eine Million, — bauet mir diese Flotte — diesen Pallast, — verbrennet jene! — Vortreflich! aber dies alles zu sagen, dazu gehört weder mehr noch weniger Kopf, als dazu: Packt ein! —

Aber, tröstet euch, ihr, die ihr Palläste bauet, und Flotten verbrennen, und Millionen zum Verschwenden herbey schaffen, und Heere verderben, und Könige verjagen, und dies und jenes thun sollet, mit — meinem Pumper, und hoffet mit ihm, daß ihr, so wenig als er, immer Schuhe werdet einwickeln, und alte Papiere zusammentragen, und Heere schlagen und Könige absetzen sollen, blos weil man euch befiehlt: thut dies alles, ohne sich um das übrige zu bekümmern. —

Nehmen wir keinen Mantelsack mit? sagte Pumper. —

Wozu, mein Freund? —

Zum Nachtzeug. —

Nein. —

Warum nicht? —

Die Kunstrichter erlauben es nicht, daß man mit Mantelsäcken reise. —

Wer sind diese Leute? —

Die Riesen und Windmühlen der Autoren. —

Ich verstehe Sie nicht, lieber Herr! Aber sie mögen seyn, wer sie wollen, so sollen Sie mich nicht hindern,

dern, meinen Mantelfack für mich aufzuschnallen, so wahr ich Pumper bin! —

So siehe denn zu, wie du ihnen entgehest! —

Aber warum soll nicht jedermann mit einem Mantelfack reisen, wenn er einen hat? —

Weil ein Priester in Engelland damit reisete. —

Blitz! was geht mich der Priester über dem Wasser und die Riesen an? Ich bin wohl eben so ein ehrlicher Kerl als irgend ein Priester oder Riese im Himmel oder in der Hölle. —

Ich habe dich gewarnet! —

Und wenn sie es denn nun verbieten, was werden sie anfangen, wenn ich doch thue, was mir beliebt? —

Einige werden sagen, Pumper war ein Narr, daß er einen Mantelfack aufpackte. —

Und, zum Henker, werden sie mir meine schwarze Wäsche tragen, wenn ich sie nicht einpacken soll? —

Das werden sie nicht. —

So mögen diese Kunstgesichter, —

Kunstrichter, Pumper. —

Nun, oder Kunstrichter, wie sie heißen, — die mögen dann wohl wundersame Leute seyn, daß sie mich einen Narren nennen, wenn ich mir so gut helfe, als ich kann, und mich nicht um sie bekümmere. —

Armer Pumper! du kennest diese Herren noch gar nicht. Meynest du, daß ich mich unterstehen dürfte, meine Reisegeschichte drucken zu lassen? —

Wer soll Ihnen das verbieten, lieber Herr? —

Die Kunstrichter. —

Daran

Daran werden Sie recht thun. —

Wie das, mein Freund? —

Wenn Sie die Reise, die wir thun werden, drucken lassen wollen, so müssen Sie sie doch wohl erst
aufschreiben? —

Ja freylich. —

Und da werden Sie um ein Jahr eher blind werden, hoffe ich; und da werden die Kunstrichter gute
Leute seyn, wenn sie Ihnen das nicht erlauben. —

Du bist nicht auf dem rechten Wege, mein Freund.
So gutherzig sind diese Herren nicht. —

Nicht? Nun dann, lieber Herr, so sagen Sie
mir, was unsre Reise denen Leuten da angeht? —

Gar nichts, so viel ich hoffe! —

Ey! da wollen wir Morgen in Gottes Namen
fortfahren, und der erste der mir begegnet, und sich
um meinen Mantelsack bekümmert, der soll erfahren
daß er mein ist! —

Daran wirst du recht thun, Pumper. —

Aber ich bin doch schon manche hübsche Meile umher gereiset, und in meinem Leben ist mir so ein
Mensch noch nicht vorgekommen. Was sinds denn
für Leute? Sehen sie denn nicht aus wie wir alle? —

Du redest bisweilen einfältig, mein Freund. Bedenke, daß unsere Unterredungen auch gedruckt werden müssen. —

Pumper sah mich starr an. — Was? Da
wärs ja eben so gut, als wenn ich das Buch mit
machen hälf? Mein lieber Herr, was ich rede, dürfen Sie nun wohl nicht mit hinein bringen; denn
ich überlege doch nicht immer so recht, was ich sage. —

Sey

Sey ruhig Pumper! Meynest du, alles was gedruckt werde, sey auch vorher recht überleget worden? Du kannst in Zukunft immer plaudern, was
dir einfällt, nur muß es nicht durchaus einfältig
seyn.

Pumper verließ mich mit einer Autormine.

Die Nacht.

Ich schenke Ihnen diesen ganzen Zeitraum, denn
ich habe ihn ruhig verschlafen. Ein eben so
kurzes Kapitel als das vorige; aber — vielleicht
ist noch eine Nacht da, die mich unter Weges über-
fällt. —

Der Caffee. Das Gebet. Der Prinz. Der Tagedieb.

„Wir denken, Herr Verfasser, Sie könnten ihn
„trinken ohne uns ein Kapitel davon zu ge-
„ben! — “

Liebe Herren, die Sie gewohnt sind, uns immer
den Weg zu versperren, auf welchen wir fortwan-
deln, ohne an Sie zu gedenken, ich weiß nicht, was
für einen Beruf Sie haben, sich um meinen Caffee
zu bekümmern. Lassen Sie mich ihn allein trinken,
und gedulten Sie sich bis der Postillon bläßt. Kann
ich dafür, daß er noch nicht da ist? —

Herr, lieber Herr, sagte Pumper, und klopfete
sanft auf mein Kopfküssen, der Caffee ist da, stehen
Sie auf. —

Wozu

Wozu das, mein Freund? —

Wollen wir nicht reisen? In zwey Stunden kömmt die Post, oder, fürchten Sie sich für den Riesen?

Nein Prumper, ich fürchte mich für keinen. Gieb mir meinen Schlafrock her. —

Ich stand auf und trank meinen Caffee, und —

„Dürften wir fragen, Herr Autor, wenn Sie be-
„teten, und sich wuschen? —"

Liebe Herren Quäcker, wenn ich betete, das kann Gott wissen, und ich schwöre Ihnen, er weiß es; und wenn ich mich wusch? — das — nun, das geschah, ehe ich meinen Caffee trank, ohngeachtet ich Ihnen davon nichts sagete.

Ich trank ihn also, und sahe der Geschäftigkeit meines kleinen lustigen und frohen Dieners zu, der itzt an nichts, als an meine Bequemlichkeit dachte, und mir bald diese bald jene Anstalt an den Fingern herzählete, welche er zum Besten derselben getroffen hatte.

Du, der du dem Sultan und dem Bettler, dem Weisen und dem Thoren, dem Esel und dem Affen, dem arbeitsamen Armen und dem gemästeten Tage-dieb, jedem seinen Platz auf deiner Erden anwiesest, und jedem sein Maas von Freude, so wie seine Lei-den und Mißbehagen zutheiltest, Ich bewundere dich, und bete dich an. Gesundheit, Zufriedenheit, Ent-fernung von allen Riesenmäßigen Wünschen, ein fröhliches Herz, und ein Gewissen, daß sich keines Bubenstücks bewußt ist; — was für eine volle nie versiegende Quelle von Glück und Seeligkeit! — und diese ist der Antheil meines niedrig gestelleten Die-

ners,

ners. Er weiß nicht, daß es ein Elend sey, einem Mann unterthänig zu seyn, der ein Tyrann ist, und — nimm meinen Dank an, dafür, daß ich ein Herz habe, das den Werth deiner Geschöpfe fühlt, die du auf eben die Weise bildetest, wie ich gebildet ward, und die du zu gleichem Glück beriefest. Nie leide das kleineste, und in dem Auge des Thoren unbeträchtlichste derselben, durch meine Grille, durch meine Vorurtheile, oder durch meine aufgebrachte Leidenschaften.

Gieb mir; — denn mein Beruf ist groß! — auch die Kräfte denselben zu erfüllen, da du mir die Neigung dazu nicht versagetest, und laß mich, wo jemals mein Geschick sogar den Narren und den Bösewicht quer durch meine Bahn führete, nie so weit fallen, daß ich seiner mit hartem Herz spottete! Gieb mir Gedult, ihn —

Prr! heute wirds kalt, lieber Herr, sagte Pumper und polterte zur Thür herein, und rieb sich die Hände; und hauchete hinein; — aber Sie sollen mir nicht frieren. —

Gott sey gelobt! dachte ich, für die Lection die mir der Briefträger gab, und betrachtete meine Lorenzodose. Pumper stöhrt mich itzt nicht zur Unzeit in frommen Betrachtungen und guten Entschlüssen. —

Du bist ein guter Mensch, Pumper, sagte ich; aber, wirst auch du nicht frieren?

O, ich? ich will schon sehen, wo ich bleibe! — Du sorgetest also für mich, daß ich nicht friere? — Ja, das hab ich gethan. —

So will ich auch für dich sorgen, und du sollst in meinem Wagen fahren.

Gott segne Sie, lieber Herr! — und eine kleine gute Thräne schlich an Pumpers zerfetzten Kinnbacken hinab; — aber, ich gehöre auf den Bock, und nicht in die Kutsche. —

Nein, mein Freund; wir beyde wandeln auf dieser Erde immer in Gesellschaft. —

Und so wollen wir auch in den Himmel wandeln, guter lieber Herr; aber ich denke, ich werde in Ihrer Liverey dahin gehen, und Sie werden immer mein guter Herr bleiben, so lange — Sie mit mir zufrieden sind. —

Was für eine gute Seele! dachte ich. —

Ja, Pumper, das werde ich; aber du sollst in meinem Wagen fahren. —

Und wenn Sie denn ein großer Herr wären, wollten Sie mich auch in Ihren Wagen nehmen? —

Ich hoffe zu Gott, Pumper, daß ein großer Herr auch ein Mensch sey. —

Gut! das ist er. Denn ich habe viele gesehen, die sich für den Kugeln fürchteten, und auch viele die barmherzig gegen einen armen Soldaten waren, und viele die auf dem Felde lagen, und mich baten, sie wegzutragen. Wenn denn dis alles die großen Herren so zuweilen thun, so mögen sie wohl Menschen seyn, und anderer Menschen Hülfe brauchen, so gut als ein andrer armer Kerl. — Aber, lieber Herr, wenn Sie nun gar ein Prinz wären, und ich wäre so der Pumper, der ich itzt bin? —

Wenn

Wenn ich ein Prinz wäre; so solltest du meine Lis
verey nicht tragen. —

Gott vergelte Ihnen das, mein bester Herr!
aber, — wenn ich sie nicht trüge, so trüge sie doch
ein anderer; denn Sie müßten doch einen andern
Pumper haben, wenn Sie mir einen großen goldnen
Rock gäben, und mich zu einem Tagedieb machten?
Und wenn ich denn so neben Ihnen im Wagen führe, und vom hellen Tage nichts wüßte, und nicht
mehr Pumper wäre, und Sie mich denn zu gar nichts
brauchen könnten, so würde sich der arme Kerl, der
Ihnen Ihre Schuhe nun putzete, doch wohl auf dem
Bock behelfen müssen? —

Das würde er freylich. —

So gebe Gott, daß Sie in Ihrem Leben kein
Prinz werden; denn sonst würde ich ein Narr und
ein tummer Kerl werden, und mir gütlich thun, und
ein andrer armer Teufel müßte um meinetwillen auf
dem Bock frieren; und dann würde es Sie verdrüs-
ßen, daß Sie nicht alle Leute an Ihrem Tisch und
in Ihrer Kutsche könnten sitzen lassen. —

Der Postillon.

Trararara — oh — ohä! — oh — Luder! —

„Auch die Kutschersprache Herr Autor? das war
„ein wenig fade, dünkt uns; wenigstens hätten wir
„in der Art nichts vermuthet. —"

Liebe Herren, halten Sie sich an dem Postknecht,
daß er sich in keine deutsche Gesellschaft hat aufneh-
men

men laſſen. Oder ediren Sie ein Sprachbuch für die Pferde; oder, — und das iſt wohl das bequemſte, — laſſen Sie mich den Poſtknecht redend einführen, wie er in der Natur iſt. —

Pumper lief die Treppe herab, und dachte an keinen Prinzen mehr.

Biſt du da, Schwager? ſagte er zu dem Poſtillon.

Der Poſtillon antwortete ihm nicht, und ſpannete ſtillſchweigend an. —

Ja, Schwager; nun, friſch! wo iſt der Koffer? ſagte ein anderer Kerl, der mit den Pferden gekommen war. —

Was willſt du? ſagte Pumper. —

Aufpacken. —

Du? wofür bin ich da? —

Herr, ich will ihm helfen. —

Du biſt ein ehrlicher Kerl; aber bemühe dich nicht. —

Herr, das muß ich. —

Ich bin dein Herr nicht, und du ſollſt nicht aufpacken, ſagte Pumper. —

Meinethalben! wenn Er ſich nicht will helfen laſſen, ſo gebe Er mir mein Geld, und packe Er allein auf. —

Pumper druckte ſeinen Huth tief in ſeine Stirn, und ſagte: Geld? Guter Junge, ich bin dir keins ſchuldig. —

Ey Herr! Schmier- und Packgeld muß ich haben, ich mag packen und ſchmieren oder nicht. —

Alſo auch Geld, wo du keins verdienſt? —

Das

Das versteht sich! verdienen oder nicht; was geht das mir an? —

Heda Kerl! sagte Pumper, so will ich dir funfzig Prügel mit meinem knotigten Stecken geben, du magst sie dann auch verdienen oder nicht. —

So viel Logik und gesunde Vernunft in Pumpers Rede war, so gewiß war sie doch in dem ißigen Fall, und gegen einen Postknecht allemal übel angebracht.

Pumper! rief ich.

Da, sagte ich, als er herein trat, und finster aussahe, gieb dem Kerl 4. Groschen, und laß ihm aufpacken. Du verstehst den Poststyl noch nicht.

Pumper lief fort. Heysa, Schwager, rief er, da hast du 4. Groschen! Gieb mir die Hand; ich verstund dich nicht recht. Der Postknecht nahm das Geld und packte ruhig auf.

Sollte der Postknecht mehr gesunde Vernunft haben, dachte ich, als gewisse Leute von Ehre, welche einander lieber den Hals brechen, als daß sie sich, um eine Sache, die oft weniger werth ist, als eine Nußschale, so edel vertrügen als Pumper und dieser, um das Schmiergeld und um das Verdienst, und um die Logik?

Die Wacht, nach dem Reglement.

Wer da? schrie die Schildwacht am Thore, das noch verschlossen war, da mein Wagen an die Wacht kam.

Gut

Gut Freund, rief Pumper ihr entgegen, und hül-
lete sich in seinen Mantel, denn er wollte durchaus
auf dem Bock sitzen. —

Heraus! schrie die Schildwacht; der Wagen
hielt, und es kam keine Seele heraus. —

Nun, zum Teufel, sagte Pumper zu der Schildwacht; wie lange braucht ein Unterofficier hier Zeit,
ehe er heraus kommt? —

Da, sagte ich zu ihm, gieb dem armen Soldaten
ein Trinkgeld, und erinnere dich, daß es hart sey,
früh im Morgenthau an einem Schilderhaus zu stehen, wenn andre Leute in einem wohlverwahrten
Wagen vorbey fahren. —

Mein Seel! lieber Herr, das ist wahr. Ich
bin auch Soldat gewesen. —

Pumper both der Schildwacht das Geld an, und
sie nahm es nicht.

Bey Gott: Bruder, du bist ein rechtschaffener
Kerl. Wenn ich zurück komme, sollst du mit mir
trinken, sagte Pumper. —

Dann will ichs, sagte die Schildwacht. —

Schwager, blas, rief ich. —

Der Postillon blies ungeduldig, die Pferde stampften Feuer aus den Steinen, und der Unterofficier
schlief fort.

Das will ich im Postamt melden, sagte der Postknecht, daß die Extra so aufgehalten werden, und
fluchte kräftiglich. Endlich stieg er vom Pferde, und
klopfte mit der geballten Faust an das Fenster der
Wachtstube. —

He

He sapperment! schrie der Unterofficier, und trat ohne Seitengewehr aus der Wachtstube heraus; was ist das für ein Wetterlärm? · Denket ihr, man stehe um eurentwillen auf der Wacht? —

Zum schlafen doch, hohl mich der . . . . auch nicht? wofür werdet ihr bezahlt? sagte der Postillon. —

Schurke! schrie der Corporal, und wollte nach dem Seitengewehr greifen, als er die wichtige Entdeckung machte, er habe keins, und sich in die Stube zurück zog.

Gott sey gelobt! dachte ich. Ist es nicht gut, wenn man schläft, wo man wachen sollte, so ist es doch zuweilen gut, daß man den Degen ablegt, wenn man schlafen will.

Nun? wird es bald? schrie der Postillon aus vollem Hals, und nun erwachte auch der Officier auf seiner Pritsche.

Du Wetterhund! rief er vom Fenster herab, — und hatte seinen Kopf in eine weiße reinliche Mütze wohl eingepackt, ein weites Halstuch um den Hals, und einen Mantel um sich hergeschlagen, — was hast du Bestie für einen Lärm? —

Ey Lärm hin, Lärm her, Herr Officier; sagte der Postillon. Hinaus will ich, und da schläft alles. —

Schurke, mußt du solchen Unfug anfangen? Wen fährst du?

Der Postillon schwieg. —

Wen du fährst? —

Ey

Ey Herr, lassen Sie aufmachen, und fragen Sie
den, der im Wagen sitzt, wer er ist.

Die Wacht trat itzt, einer nach dem andern, heraus; der Corporal hatte sein Seitengewehr angeschnallet, und der Postillon pfiff, und hieb seine
Pferde zusammen. ——

Corporal! rief der Officier, und gähnte hoch,
und rieb sich die Augen, —— frage er, wer in dem
Wagen sitzt, und examinire er genau.

Ein überflüßiges Examen! dachte ich; denn ich
halte dafür, wenn ein Reisender eine Stadt verläßt,
so kundschaftet man ihn, genau um so viel Zeit, zu
spät aus, als er sich in derselben aufgehalten hat,
und sie auskundschaften könnte. ——

Wer ist seine Herrschaft, guter Freund? sagte
er zu Pumpern, welcher sich stellte als schlief er.

Der Corporal rüttelte Pumpern, und wiederholete die Frage. ——

Ich weiß nicht, sagte Pumper, und dehnte sich.
Mein Herr reiset incognito.

Der Corporal ergriff die Spitze seines Schnautzbarts mit dem Daumen und Zeigefinger seiner rechten Hand, drehete den Bart in die Höhe, sahe Pumpern grimmig an, und Pumper machte ihm ein
krummes Maul.

Herr, der Blitz soll ihn erschlagen, sagte der Corporal. Ich denke er hält sich über mich auf? ——

Das verlohnte sich der Mühe! brummte Pumper verächtlich. ——

Wozu das krumme Maul, Musje? ——

Guter

„Guter Freund,‟ sagte Pumper ruhig, laß dich so
auf deine linke Kinnbacke treffen, als ich getroffen
wurde, und dann rede mit mir. ——

Nun, Corporal! rief der Officier herab, was
giebt es?

Ein Herr der Incognito heißet, Herr Lieutenant. ——

Tummer Teufel! sagte der Officier, die Wacht
lachte, der Tambour spannte sein Spiel zur Reveil-
le, und der Postillon fluchte wie zehn Exerciermeister.

Der Corporal klopfte an das Fenster des Wagens. —— Wer sind Sie, um Vergebung, mein
Herr?

Ich that, als schlief ich ruhig.

Er wiederholte das Klopfen, und ich blieb taub.

Wecke er seinen Herrn auf, guter Freund, sagte
er zu Pumpern; er schläft fest, oder er ist tod. ——

Zum Teufel! brüllte Pumper, was geht es euch
an, wenn er tod ist? oder darf mein Herr nicht eben
so gut in seinem Wagen schlafen, als eine ganze
Wacht am Stadtthor? ——

Corporal, schrie der Officier, ich haue ihn, daß
er den Feldpriester begehren soll, wo er nicht aus-
trödelt. ——

Daß er den Feldpriester begehren soll? wie schön
der Mann sich ausdrückt? dachte ich. ——

Herr Lieutenant, sagte der arme Corporal, der Herr
im Wagen ist tod, oder doch eben so gut als tod, und
sein Bedienter sagt, er dürfe so gut schlafen als wir. ——

Der Officier fuhr hitzig mit dem Kopf zurück,
und kam selbst herab, im Ueberrock, ohne Scherpe,

mit

mit geschwollenen Augen. ·Das weite Halstuch
hieng halb über seine Schultern herab, und sein
Degen schlotterte nachläßig an seiner Seite.

Hier, mein Herr, sagte er; und ich öfnete das
Fenster. —

Ach, sind Sie es? —

Ja ich bin es. Habe ich Sie aus der Ruhe gestöret? Es thut mir leid; aber es ist Ihr Glück, daß
ich keiner Soldaten bedarf, die mich bewachen, sonst
verklagte ich Sie Morgen bey dem Gouverneur.

Das Thor wurde geöfnet, der Postillon hieb die
Pferde zusammen, und Pumper sagte: das ist eine
verdammte Wacht!

Das Morgenlied.

Nun, fahr in Gottes Namen, Schwager, sagte
Pumper, und mach Feuer an.

Holla Schwager, antwortete der Postillon, da
ist Pulverschwamm, so gut als einer im ganzen Lande; aber hast du die Flasche vergessen? —

Pumper reichte ihm eine langhälsigte geflochtene
Flasche hin. Der Postillon that einen großen Zug,
sagte: Hab Dank! und ergriff sein Horn. —

Jü ha! — und die Pferde zogen langsam an,
und er blies das Morgenlied: Wach auf mein Herz
und singe.

Pumper drehete sich schnell auf dem Bock herum,
lächelte gegen das vordere Glas, und ich ließ es
nieder.

Lieber

Lieber Herr, sagte er, und wies auf den Postillon, das hab ich nun aus der ersten Hand; und sehen Sie die schöne Sonne. Auf dem Bock ist es besser als in dem Wagen. — Und nun sang er das Lied das der Postillon blies.

Du hast recht, gute Seele, dachte ich, und sah gegen die Sonne hin. Selig ist der Mann, der mit der Morgensonne und dem Kutschbock zufrieden ist, und dem, der auf dem weichen Polster sitzet, und die Morgenluft nicht vertragen kann, die Sorgen, und die lange Weile, und die Weichlichkeit überläßt!

Die alltäglichsten Gegenstände, die Lerche, der Morgenthau, die Nebel, alles beschäftigte den empfindsamen Pumper, und sein gutes Herz theilte mir seine einfältigen Anmerkungen vertraulich mit.

Wie reich ist die Natur dem, der Gefühl hat, und zufrieden mit ihr ist! und wie wenig braucht ein Mann, um es mit dieser Erde zu seyn!

Eine sehr abgenutzte Wahrheit ist das; aber, desto schlimmer, daß sie es ist. Zehntausendmal hatte ich sie gelesen und gedacht, ohne recht daran zu denken, und wie habe ich ihre trostvolle Gewißheit, und das Große, das in ihr liegt, freudiger und in reicherem Maaße gefühlt, als itzt, da Pumper, der weder die Gesetze verstund, nach welchen die Sonne am Horizont empor stieg, noch die Ursache untersuchen konnte, warum sich ihre Strahlen in den Thautropfen brachen, — sich freuete, daß sie so schön sey, und bedaurete, daß die Postpferde die Thautropfen von den Grashälmchen abtraten. Wie sie so schön flinkerten! sagte er. —

Kannst

Kannst du, großer Quell aller Freuden, eine wich-
tigere Absicht gehabt haben, da du die Seelen deiner vernünftigen Geschöpfe in eine so genaue Har-
monie mit dem Ganzen setzetest, und ihnen Gefühl
gabst, und alles, was ihre eigentliche Bedürfnisse
befriedigen konnte, als die, daß sie sich deiner und
ihres Daseyns freuen sollten?

Wenn der Weise, der den Abstand deiner Welten,
ihre Laufbahn und ihre Bewegung berechnet, und
hin und wieder im Calcul irrt, — wenn dieser von
ihrer Größe und von der unermeßlichen Entfernung
einer von den andern — die ein anderer Weise
mißt, ob sie gleich nach der Meynung des erstern
unermeßlich seyn soll, — auf dich schlüßet, und
dann erst abstrahiret, daß man dich bewundern müsse, und daß du groß seyst; dann entsteht in dem Geist
eines endlichen Wesens ohne Zweifel ein erhabner
Gedanke.

Aber, wenn eins deiner gutherzigen sorgefreyen
und einfältigern Geschöpfe, an dich gerade zu denkt,
ohne zu vernünfteln, und dich liebt, weil deine Sonne ihm behaget, ohne zu wissen, wie lange sie würde
fallen müssen, ehe sie auf seinen Kopf fiel, und ohne
sich zu bekümmern, ob sie jemals auf seinen Kopf
fallen werde; und wenn dies ehrliche fromme Geschöpf sich betrübet, daß Postpferde die jungen Gras-
blümchen zertreten, und den Morgenthau von den
Hälmchen abschleifen; — dann entwirft sich in der
Seele dieses deines bessern Geschöpfs zwar kein so
erhabenes Bild, als in der Seele deines klügern;
allein, ich hoffe zu deiner Liebe, daß es dir angeneh-

C 3   mer

mer sey, wenn ein Mann sich deiner Sonne freuet,
und dich liebt, ohne über deine Größe Vergleichun-
gen anzustellen; als wenn einer von denen, die man
weise Männer nennet, zuvor seine Tabellen und
sein Seherohr ergreift, ehe er deine Welten betrach-
tet; und dann die Idee, du seyst groß, erst aus
dieser in seinem Gehirn entsteht: der Raum ist
groß, in welchem sie schwimmen, und eine ist so
weit, die andere so weit entfernet. Denn, bis
an das Herz gehet diese Logik nicht immer, wenigstens dünkt mir, sie nehme da einen sehr mühsa-
men und unnöthigen Umweg.

Der Wanderer

Auf der rechten Seite meines Wagens gieng ein
armer bejahrter Reisender, und sang das Morgenlied auch mit.

Wenn ich nicht in Angelegenheiten reise, welche
dringender sind, als meine eigenen, dann ist schwerlich ein Mann unter dem Himmel, mit welchem ein
Postmeister, und vier Postpferde zufriedner seyn können, als ich; denn je sanfter der Wagen fortschlei-
chet, desto mehr behaget es mir, und mein Postillon
kannte mich, denn er hatte mich mehrmals gefahren.

Ohne große Mühe hätte demnach der arme Wanderer meinen Wagen folgen können, wenn ihn das
schwere Felleisen nicht daran gehindert hätte, das er
auf seinem Rücken trug.

Gott sey gelobt! ich habe nie eine Semmel geges-
sen, und habe nie ein weißes Hemde angezogen, und
bin

bin nie in einem bequemen Wagen gefahren, oder von
einem rüstigen Pferde auf dieser Erde getragen worden, ohne jeden zu beklagen, der weder eine Semmel essen, noch ein weißes Hemde anziehen, noch
reiten, noch sich fahren lassen kann, und der dennoch
wünschet es zu können. — Und, wer wünscht
sich dies nicht, wenn er Kleyenbrod käuet und Semmeln essen sieht? oder, wenn er mit einem großen
Felleisen auf dem Buckel neben einem Wagen herträ-
bet, und weder mehr noch weniger Hemden besitzet,
als Yorick Schlafröcke, und dann von ohngefehr ein
paar Spitzenmanschetten an eines Thieres Hemden-
ermeln erblicket, das von 6 andern gezogen wird?

Seyd aufrichtig, ihr, die ihr die Kunst stets weise und fröhlich zu seyn, in ein System bringet, und
euern Mantel jedermann überhängen wollet, ohne
zu untersuchen, ob er ein Riese oder ein Zwerg sey?
seyd aufrichtig ihr, die ihr auf einem bequemen Lehr-
stuhl, oder in einem warmen Zimmer, demjenigen,
der im Winter vor eurer Thür ungetröstet um Mitleid stehet, Vorschriften hinplaudert, wie man den
Frost und das Elend ertragen müsse, — seyd aufrichtig und saget mir, ob ihr, mit alle eurer erhabenen Weißheit, nicht zehntausendmal lieber an meiner Stelle hättet seyn mögen, als an der Stelle des
armen Fußgängers? Und, ist dies, — wie es denn
gewiß ist, — so sind eure Systeme wohl sehr über-
flüßig, und es ist eine wunderliche Sache um das
Dogmatisiren, und Jacob Rousseau, — den ihr
alle für einen Phantasten haltet, — ist mit alledem
so wenig ein Narr, daß er Bedürfnisse von sich ent-
C 4   fernet,

fernet, über welche ihr euch blos in der Idee hinaus=
setzet, als Vater Diogenes ein Narre war, daß er
in einer Tonne wohnete, und nichts von den Köni=
gen verlangete, als daß sie ihm nicht in die Sonne
treten möchten.

Pumper! rief ich, laß halten.

Der Wagen hielt, und Pumper mußte absteigen.

Guter Pumper, sagte ich, nimm dem armen
Mann sein Felleisen ab. —

Ich? sagte Pumper. —

Ja du. —

Mein Seel! lieber Herr, wenn der Mann die
Kunstrichter so wenig leiden mag, als ich, und mich
vielleicht für einen ansieht, so balgen wir uns vor
Ihren Augen. —

Sey ruhig, Pumper; du hast nicht die Mine ei=
nes solchen. Nimm ihm das Felleisen ab. —

Aber wo will ich es verbergen, lieber Herr, wenn
uns einer begegnete, und der Kerl dächte, das Fell=
eisen wäre mein? —

Du bist ein einfältiger Mensch! —

Gott segne Sie, guter Herr! aber warlich, ich
denke selbst, es würde albern seyn, wenn der arme
Schelm da, um solcher Leute willen, sein Felleisen
nicht aufschnallen dürfte.

Komm her, guter Freund, sagte er zu dem Wan=
derer, ich will dich leicht machen, und wenn alle
Kunstrichter auf Gottes Erdboden sich darüber auf=
hielten. —

Der Reisende verstand von der ganzen Menschen=
freundlichen Anrede nichts genauer, als die Haupt=
sache,

sache, schnallete sein Felleisen freudig auf, und Pumper nöthigte ihn, sich neben ihm auf den Bock zu setzen.

Wie beneidete ich meinen Diener!

Ich gab Pumpern eine Flasche süssen Weins, und sagte: Gieb dem Schwager und dem armen Mann auch ein Glas voll. Pumper schenkte die Gläser voll, und der Postillon roch zuvor an das seinige.

Herr, sagte er, das wird nicht gut thun. So was kann ich nicht immer haben, und dann ärgere ich mich nur. ——

Wie soll man es nun machen? dachte ich. Trinke, sagte ich, so lange du mich fährst, soll es dir nicht mangeln; aber fahr langsam. ——

Desto besser, sagte der Postillon; aber, mein Seel, Herr, das ist das erste Glas süssen Weins, das mir ein Passagier giebt, damit ich langsam fahren soll. ——

Das Felleisen. Pumpers einfältige Meynung. Ein ehrsamer Leser der Satyre, wie es viele giebt.

"Himmel, über die Verwegenheit! Ein besondes „res Kapitel davon? ——"

Lassen Sie mich meines Weges fahren! ——

Guter Freund! sagte ich zu dem Mann auf dem Bock, wer seyd Ihr? ——

Ich bin ein Bothe, sagte der Mann. ——

Und was habt ihr in eurem Felleisen? ——

Bücher. ——

Wer

Wer gab sie Euch? —

Der Buchdrucker in . . . . . .

Und wo tragt Ihr sie hin? —

Nach . . . . in den Buchladen —

Ihr wißt wohl nicht, was es für Bücher sind? —

O ja! es sind viel Bücher; — aber es ist auch
nur eins. —

Ich verstehe Euch nicht, guter Mann. —

Ich meyne es ist nur ein Buch, aber es sind viele Exemplariges von dem Buche. —

Woher wißt Ihr das? —

Hab ich sie nicht drucken helfen? Ich bin mit in
der Druckerey, und wir haben uns alle bald tod ge-
lacht über das schnakische Buch. —

Und der Titul davon? —

Den hab ich nicht merken köynen; denn der ist
undeutsch. —

Und wovon ist denn die Rede in dem Buche? —

Je, das weiß ich so genau nicht mehr, aber die
Leute werden so hübsch drinne herum genommen. —

Das werden Satyren seyn? —

Ja ja! so was steht auf dem Titul. —

Ein ehrsamer Leser! dachte ich. —

Pumper sah den Mann steif an. Höre Bruder;
sagte er zu ihm, wenn du Bücher auf der freyen
Landstraße trägest, fürchtest du dich vor nichts? —

Nein, sagte der Bothe; Bücher sind Waaren die
die Spitzbuben nicht achten. —

Auch vor den Kunstrichtern nicht! —

Der Bothe machte große Kalbsaugen, und betrachtete Pumpern aufmerksam von der Spitze seines
Huthes,

Huthes, bis auf die Sohlen seiner Stiefeln.— Herr, sagte er, weiß er auch recht, was das vor Leute sind? —

Das weiß ich, sagte Pumper; es sind Leute, für denen mein Herr seine Reisehistorie nicht aufschreiben darf; aber, er wirds doch thun! —

Ach! nicht doch! Er ist irre; lieber Herr. —

Was? ich werde wohl nicht wissen, daß sie auch die Mantelsäcke und die Felleisen nicht leiden können? Meynest du, Bruder, ich wäre so tumm? —

Der Bothe hatte nicht Zeit, die Unterredung, welche nunmehro interassant wurde, fortzusetzen; denn Pumper sprang, ohne halt zu rufen, vom Bock, und steckte seinen Kopf unter den Wagen.

Der Hamster. Varus Legionen.

Was giebt es, Pumper? sagte ich. —

Halt, Schwager! halt! rief Pumper; der Wagen hielt, und Pumper schlug mit seinem knüttigten Stecken um sich, wie ein Teufel. —

Aber, sage mir, was hast du? —

Ein Hamster, lieber Herr, ein Hamster! —

Und, beym Himmel! was geht dir der Hamster an? —

Er lief da im Fahrgleis. —

Laß ihn denn laufen; denn er läuft auf des Landesherrn Boden, so gut als du. —

Er wird nicht mehr laufen, sagte Pumper, und schlug noch einmal mit Kraft auf des Hamsters Kopf. —

Da

Da ist die Bestie! sagte er, und hob das Thier bey den Pfoten in die Höhe.

Du Bube, sagte ich, was hast du gemacht? —

Warum, lieber Herr? das sind schädliche Luder! —

Ist der Hamster dir schädlich gewesen? —

Das nicht; aber er trägt doch anderer Leute Korn zusammen? —

Muß er nicht leben und fressen? warum schuf ihn Gott? —

Gut, aber das Korn könnten Menschen doch essen. —

Du Vielfraß; hast du je gehört, daß die Hamster Theurung gemacht haben? —

Nein, das wohl nicht. —

So laß sie denn in Friede eintragen, und glaube, daß jedes lebendige Geschöpf an Gottes Erde Theil habe, so gut als du. —

Bey meiner Seele! daran dachte ich nicht, sagte Pumper. Aber, du guter Hamster, — und da strich er ihm freundlich über das Fell, und wischte mit seinen Manschetten das Blut ab, das aus des Thieres Schnauze heraus drang, — du guter armer Hamster! du bist nun einmal tod, und was hilft es dir nun, daß es mir leid thut? —

Pumper trug den Hamster vom Fahrweg ab, und legte ihn sanft auf einen Rasen, und deckte ihn mit Erde zu, wie Germanikus die Gebeine der Legionen des Varus. Dann trat er mit der Mine der Betrübniß, die sein zerschossenes Angesicht komisch entstellete, die lockere Erde fest auf das Thier, ließ seinen

nen Kopf hangen und sagte: Ja, ja, armer ehrli=
cher Bursche! mausetod bist du nun, und ich bin ein
Schurke, wie mein Herr sagte. — Aber, da schlaf
nun auf deinem Rasen! da ists doch besser als un=
ten im Fahrweg, und so hübsch ist mancher armer
Soldat nicht begraben worden, wie du! — Komm
ich nur wieder, ich will dich noch tiefer einscharren,
und allen Leuten will ichs sagen, daß ich dir zu viel
gethan habe, und daß du ein armer Teufel bist;
denn — mein Seel! du bist doch immer ein ehrli=
cherer Kerl gewesen, als ein Kornjude! Dein bis=
chen Korn hast du gefressen, weil dich hungerte, —
und — verdammt sind die Hunde, die ihr Korn
eintragen, daß wir verhungern sollen! —

Nach dieser pathetischen Standrede schlich er sich
betrübt vom Grabmal weg, setzte sich stillschweigend
auf den Bock, und der Wagen fuhr fort.

Die Ordensgeistlichen,
oder, wie es einige Kunstrichter nennen werden:
eine elend gerathene Imitation;
eigentlich aber:
eine ungeschminckte und desto wahrere Geschichte.

Zwey Mönche! schrie Pumper auf einmal, und sah
mich zweifelhaft an. —
„Wird Ihr la Fleur immer die Hauptrolle spielen,
„Herr Verfasser? —‟

Liebe

Liebe Herren, er wird die spielen, die — mir be=
lieben wird. Sie sehen wohl, daß ich ihn brauche;
denn er kann so hübsch naif sagen, was ich nicht sa=
gen könnte. —

Zwey Mönche! schrie er also. —

Meynst du, diese wären auch Hamster! —

Herr, sagte der Bothe, sie tragen wohl mehr ein
als die Hamster! —

Wie das, mein Freund? —

Ey! sehen Sie nicht, daß es Bettelmönche sind?—

Schweig still, Bruder, sagte Pumper, und schiek=
te in den Wagen hinein, mein Herr, der ein so guter
Christ ist, als einer in diesem Lande, meynet, ein je=
des lebendiges Geschöpf wär auf Gottes Erdboden,
das es essen sollte; es mag nun ein Hamster seyn
oder ein Bettelmönch. —

Ist nicht ein wenig Einfalt mit vieler Gutherzig=
keit besser, dacht' ich, als hundert derer räsonni=
rendsten Satyren auf diese oder jene Menschenart?

Freundlich grüßeten mich die beyden Geistlichen,
und ich bin unvermögend den Blick von himmlischer
Ruhe und Zufriedenheit zu beschreiben, der das ha=
gere und blasse Gesicht des einen von beyden ver=
schönerte. Er war ein junger demüthiger Mann,
und ich verwünschte von ganzer Seele den langen
Strick, womit sein abgezehrter Leib umgürtet war.
Sein älterer Begleiter sah aus, wie der freudige
Mangel, und die gesunde Armuth.

Guten Morgen, liebe Herren, sagte ich zu ihnen,
guten Morgen! und: halt! zu dem Postillon.

Der

Der Wagen hielt, und ich reichte meine Hand
hinaus. —

Sie gehen da einen beschwerlichen Weg, liebe
Herren, und ich fahre einen eben so beschwerlichen.
Ich beklage uns alle drey; aber Gott Lob! wir müs-
sen nicht lange mehr hier unten.

Mit dem stärksten Ausdruck von Wohlwollen gab
mir der junge Mann seine dürre Hand, legte die andere an sein Herz, sah gen Himmel, und sagte lächlend: Die Aussicht dorthin erleichtert den müh-
samsten Pfad durch dies Leben, bester Herr, und ich
bin mit meinem Wege zufrieden.

Sein Begleiter stand neben ihm, nickte mir nicht
unfreundlich zu, und unterdrückte einen kleinen Seuf-
zer durch einen leichten Blick auf seines Mitbruders
blasse Wangen.

Gewiß, liebe Herren, sagte ich, das gütige We-
sen, das jedem unter uns seine Laufbahn anwies,
und Rosen neben die Dornen pflanzte, und uns Augen gab, die letztern zu vermeiden, das meynete es
gut mit uns!

Gewiß! sagte der ältere Geistliche, und Pumper
sah vor sich in den Fahrweg.

Das Elend dieser Erde, sagte der jüngere, dünkt
nur dem feigen Weichling größer und beträchtlicher,
als es ist; aber der Fromme weiß es zu ertragen.

Das ist Wahrheit, ehrwürdiger Mann, sagte ich,
und druckte beyden die Hand, und diese Erde ist
schön, wofern wir uns unserer Augen bedienen.

Amen! sagten beyde, und, — jene Welt wird
mehr als Einen davon überzeugen, daß diese hier
gut

gut war, dachte ich, und die Geistlichen setzten ihren Weg fort.

So will ich dann, sprach ich zu mir selbst, wo du, mein Gott, mich hinführen wirst, es sey nun, daß ich auf deiner Erde barfuß wandeln müßte, wie diese beyde, oder, daß ich mein Lebenlang ein lachenderes Loos zöge als sie, — darauf wandeln, wie es dir belieben wird, und allenthalben die Freude suchen. Und, wo irgend ein Bube oder ein Heuchler in Riesengröße, sich zwischen mir und dem Horizont empor bäumet, und mir die Aussicht gen Himmel und vor mir hin versperren will, ihm vergeben, und sagen: du, Armer, bist unglücklicher als ich, und — ich kann neben dir vorbeygehen.

Die Neuangeworbenen. Die Quelle der Gelegenheitsgedichte wird beyläufig entdeckt.

Hier einen schattigten Baum, dort einen kleinen Bach, da einen Wanderer zu Fuß, oder ein Kapellchen, oder einen melancholischen Raben, oder einen Pflug, oder ein kleines freudiges Vögelchen auf einem Ast, oder eine Heerde, oder eine kurzgeschürzte Landnymphe — kurz, alles was nur ein Reisender unter Weges sehen kann, das sah ich auch, bemerkte, so genau als es mir möglich ist, von allem was ich sah, die helleste Seite, und mir gefielen die Schattierungen hie unten allemal.

Nicht

Nicht weit von der Station, wo ich mich von meinem guten Postillon trennen sollte, begegnete uns ein Zug neu angeworbener Soldaten.

Ein fröhliches und mit unter wildes Getös von Trommeln und allerley Instrumenten mit Menschenstimmen vermischt, kündigte den Zug von weiten an, und bewog mich meinen Kopf aus dem Wagen zu stecken.

Mein Gesicht ist sehr kurz. Ich sah blos eine Menge freudiger Geschöpfe, und hielt den Anblick für köstlich. Ein unumstößlicher Beweis, sagte ich zu mir selbst, daß die Freude so selten nicht ist, als der finstere Menschenhasser in seiner Tonne, oder der Gramvolle in seiner Grotte wähnet.

Je näher sie kamen, desto lauter wurde das Getümmel, und desto deutlicher erkannte ich die Hälse, aus denen die Fröhlichkeit so lärmend hervor brach.

Glück auf! schrie Pumper, und schwang seinen Hut, umarmte den Boten, griff nach seiner langshälsigen Flasche, und bat den Postillon zu halten. —

Was giebt es da, Pumper? sagte ich. —

Soldaten, lieber Herr, Soldaten! —

Sind diese dir neu? —

Ich bin ja auch einer gewesen, und ich kann sie nicht vergessen! —

Zufolge deiner Kinnlade! sagte ich. Der Bote betrachtete Pumpers Kinnlade mit Ehrfurcht.

Meine Kinnlade? sagte Pumper; — aber mein Seel! sie hat doch manche Patrone abgebissen, und auf manchem Stein geruhet, und der war ein ehrli-

cher

cher Kerl, der mir meine Backzähne aus dem Halſe
ſchoß. —

Kannteſt du ihn? —

So wenig als ich den Pabſt in der Türkey kenne;
aber wär er kein ehrlicher Kerl geweſen, ſo denk ich,
er würde da nicht im Feuer ausgehalten und ſeine
Flinte auf meinen Ohrzippel losgebrannt haben. —

Der Officier der den Zug führte, kam an den
Wagen geſprengt, und ſah halb neugierig halb treu-
herzig hinein. —

Kann ich Ihnen dienen, mein Herr? ſagte ich. —

Ich bin Ihr Diener, ſprach der Officier, mit der
Freymüthigkeit die ſeinem Stande eigen iſt; aber wir
Soldaten machen keine Umſtände. —

Leider iſt dies wahr! dachte ich; denn ihrer viele
decidiren ſo gern, geben immer den Ton an, und
löſen am liebſten nach der Weiſe des Hexenmeiſters
auf, der auf dem Bucephalus durch Aſien gallo-
pirte. —

Wenn ich Sie nicht aufhalte? ſagte der Officier. —

Mein Herr wird gern warten, ſagte Pumper zu
dem Poſtknecht; denn er iſt den Soldaten für ſeine
Seele gut! — und nun ſprang er vom Bock, und
lief, ohne ſich nach mir umzuſehen, mit der Flaſche
in der Hand dem Zug entgegen. —

Im geringſten halten Sie mich nicht auf, ſagte
ich zu dem Officier, und wenn —

So erſuche ich Sie denn um einen Schluck
Wein. —

Sie ſollen eine ganze Flaſche haben. —

Der

Der Officier nahm die Flasche und trank sie halb aus. — Ich dank'Ihnen, sagte er. Wenn Sie jemals Durst haben, und finden einen guten Mann auf ihrem Wege, der Ihnen den Dienst erzeiget, den Sie mir itzt erwiesen haben, so werden Sie erfahren, wie sehr Sie ihm verbunden seyn müssen.

Ich war mit der Wendung dieses Compliments zufrieden, da es der Officier gewiß aus seiner trock: nen Lunge und aus seinem guten Herz nahm. — Große Quellen der Gelegenheitsgedichte! dachte ich. —

Sie führen da eine fröhlige Gesellschaft, mein Herr, sagte ich; aber, ich irre mich sehr, oder Sie sind der einzige dabey, der es nicht ist. —

Auf mein Wort! sagte der Officier, Sie brau= chen keine große Kunst, dies zu entdecken; denn Sie können denken, daß ich mit unter große Schurken . führe. —

So ist denn das Wildheit, was ich für Freude hielt? —

Sie kennen diese Menschen nicht, mein Herr, sag= te der Officier. Sie zu bändigen, ohne sie zu fürch= ten, das gehört unter die Beschwerlichkeiten meines Standes. —

Ich ehre denselben, sagte ich, und er scheint mir unentbehrlich auf diesem Planeten; aber —

Bey Gott! er verdienet das erstere, und er ist das letztere; aber, mit alledem sind wir zu beklagen, und man ehret uns nicht sehr! —

Halt dort! rief er dem Commando zu, und sie lagerten sich auf einen Rasen. —

Mey=

Meynen Sie nicht, mein Herr, fuhr er fort, und trank aus meiner Flasche, daß von 100. die ich da führe, schon 50. den Galgen verdienet haben, und wenigstens 40 ihn noch verdienen werden? Da sind also 10 übrig, auf die man ohngefähr sichere Rechnung machen kann. —

Ich bekenne es, sagte ich, daß ich mich in Ihre Rechnung nicht finden kann. —

Sie sollen es gleich können. Alle hundert sind Ueberläufer, oder lüderliches Gesindel aus allen vier Enden der Welt, die itzt hingeführet werden, daß sie andere, die um nichts besser sind als sie selbst, tod schießen, oder von diesen tod geschossen werden sollen; und sie wissen das! Was kann diese Schelme bewegen, in der Welt umher zu laufen, und sich dem allem auszusetzen, als Wildheit und Ungebundenheit? Was werden sie dem Lande, und dem Herrn schuldig zu seyn glauben, dem sie, ihrer Meynung nach, einen schon wichtigen und nicht zu belohnenden Dienst erzeigen, daß sie sich für einige Creutzer Löhnung tod schießen lassen, oder andere tod schiessen? —

Fürwahr! sagt' ich, Ihre Rechnung mag nicht unrecht seyn; allein, mein Herr, es giebt noch eine Seite, von welcher man diese Sache betrachten kann. Wenn das Land oder der Herr, in dessen Diensten so viel unbrauchbare Bösewichter in so fern wenigstens nützlich gemacht werden, daß sie einander selbst aufreiben, mit diesen Köpfen das Leben seiner Mitbürger oder Unterthanen erkaufen kann; so dünkt mir es immer sehr gut und weise gethan, einige Creutzer dran zu wenden. —

Sie

Sie mögen recht haben, sagte der Officier; aber, damit Sie sehen, daß diejenigen zu beklagen sind, die das traurige Geschäft über sich haben, diese Ungeheuer brauchbar zu machen, und bey entscheidenden Gelegenheiten ihnen Glück und Ehre anzuvertrauen, so sollen Sie gleich einen von dieser kleinen Heerde kennen lernen, wenn Sie wollen, und Zeit dazu haben. —

Sehr gern! Ich habe noch nie einen Mann gesehen, von dem ich zuverläßig wüßte, er werde bald gehenkt werden, und dem sein Schicksal so wenig Kummer gemacht hätte, als diesen allen. —

Corporal! rief der Officier, hohl er mir den Italiäner her, und ich stieg aus dem Wagen.

Sie sollen einen Schelm sehen, sagte der Officier, der 6 Herren gedienet hat, von dem 6ten auf die Galeeren geschickt worden ist, wenn er nicht lügt; und bey dem 7ten gehangen werden wird, wenn ich nicht lüge.

Der Corporal brachte einen braunen, langen, rüstigen und frechen Kerl an den Wagen, mit einer Geige in der Hand, und einer kurzen Tabackspfeife in dem Munde, an welcher ein dicker Kopf befestiget war, von welchem mancherley bunte Bänder herabflatterten. An seinem Hals hieng eine große blecherne Flasche, und eine Rolle Taback. Auf seiner Stirn schwamm die Galeere, und auf seinem Rücken hieng ein Murmelthier in einem zerbrochenen schmutzigen Kasten.

Pietro, sagte der Officier, du sollst ein Glas Wein trinken, und uns deinen Lebenslauf erzählen. —

D 3

Der

Der Kerl schlug ein hohes Gelächter auf, und sagte, in einem fremden Dialect, jedoch ziemlich verständlich: Um eines lumpichten Glases Weins willen mag ichs nicht thun; — willst du aber meinen Branntewein kosten, Landsmann? so komm her, sagte er zu mir.

Ich hielt meine Taschen zu, und hätte gern einen magischen Kreis um mich hergezogen. Pietro trank aus seiner Flasche. —

Hohl der ....! sagte er, und fluchte auf das kräftigste; was die dort alle wissen, das kannst du auch wissen. —

Der Lebenslauf. Was gute Leute sind? Das Glaubensbekänntniß und das Murmelthier.

Ich bin ein Neapolitaner, sagte er, und schlug Feuer auf. Mein Vater war ein ehrlicher Bandit, und meine Mutter eine Hure, die mein Vater tod geschossen hat, ich weiß viel, warum?

Mein Vater wurde gehenkt, da ich 6 Jahr alt war. Hohle der ...... den Galgen und den der ihn daran hieng; denn ich habe mich durch die Welt betteln und stehlen müssen. Wollten sie mir nicht in Genua gar die Ohren abschneiden, weil ich nicht verhungern wollte? —

Gieb mir Feuer, sagte er zu dem Postillon. Siehst du nicht, daß meine Pfeife nicht brennen will? —

Der

Der Postillon lachte, und gab ihm brennenden
Schwamm. —

Ich habe hängen sollen, weil ich ein paar hundi-
schen Jesuiten in Rom das Geld abnahm, das sie
mir nicht gutwillig geben wollten. Hohl euch alle
der ...... dachte ich, und gieng durch.

Ich habe Venedig gedient und Toskana, und da
gefiel mirs nicht. Ich habe dem König von Sar-
dinien gedient, und wurde es bald überdrüßig, und
machte mich auf die Beine. — Gieb mir von deinem Wein, der Hals brennt mir. —

Ich gab ihm eine ganze Flasche.

Du bist ein ehrlicher Kerl, sagte er. Hast du die
Soldaten lieb? —

Ja, sagte ich, wenn sie gute Leute sind. —

Gute Leute? das ist verdammt tumm geredt. Gute Leute sind wir alle. — Nicht, Herr Lieutenant?
Sind wir das nicht alle? —

Der Lieutenant lachte. —

Heda, Herr Lieutenant, haben Sie in Ihrem Leben ein lustiger Commando geführt als das, das
Pietro mit seiner Geige und mit seinem Murmelthier
so weit gebracht hat, daß alles auf dem Marsch tanzt
und singet, und kein einziger weggetanzt ist? —

Bleib nur gut, Pietro, sagte der Officier. Ich
bin mit dir zufrieden. —

Und ich mit Ihnen, Herr Lieutenant, sagte Pietro; aber ...... (und er stieß einen gräßlichen Fluch
aus,) — wüßt' ich, daß das Ihr Ernst nicht
wär! — Herr Lieutenant, Pietro ist kein Narr! —

Die

Die Sardinische Grenadiers hauen wie zehn Teufel auf dem Buckel eines armen Schelmen, der kein Grenadier mehr seyn mag, und das hab ich gefühlt! Aber, das weiß ich auch, mein Hauptmann läßt keinen wieder hauen. —

Wie so, mein Freund? sagte ich. —

Du fragst wie ein Narr, sagte er. Weil der Hund itzt verfaulet, und daran ist Pietro schuld. —

Ich habe der Kaiserin gedient, und da wars gut; aber ich habe den ...... von Milano. Ich lasse mich nicht einsperren.

Ich habe Spanien gedient; aber der ...... hohle das Fasten und das Grosthun.

Ich bin lange umher geschweift, und habe manchem Narren, der hier nichts nutz war, den Weg gewiesen.

Ich habe Frankreich zu Lande gedient, und sollte ihm auf den Galeeren auch dienen, weil ich zum Handeln Lust hatte, und weil der König die ehrlichen Kaufleute nicht ausstehen kann, die sich auf seine Unkosten und ohne seine Erlaubniß nähren. Aber ich war kein Schurke und blieb in Marseille. Unserer zehen giengen durch, und das kostet Pietro Kopf und Arbeit! —

Pietro trank. —

In Frankreich durft' ich nicht länger bleiben, weil ich mich mit der Admiralität nicht vertragen konnte, und mit der Marechaußee keine Händel haben wollte. Ich bin 7 Jahre mit meiner Geige herum gelaufen, und habe einem Savoyarden das Murmelthier abgenommen, weil der Hund mehr Verdienst

davon

davon hatte, als ich von meiner Geige. Itzt wird
mir die Zeit lang. Ich will sehen wie des sieben-
den Herrn Brod schmecket. —

Hast du keinen Deutschen ermordet, Pietro? sagte der Officier. —

Nein, sagte Pietro, und verfluchte sich und sein
Murmelthier. Die Deutschen sind alle gute tumme
Thiere, und wenn ich einen in die Hölle gejagt habe,
so ists doch nur in lachendem Muthe geschehn, wenn
ich gesungen habe, und meine Marmotta tanzen ließ. Die Deutschen haben mir nichts gethan. Sie sind alle solche Klöße, wie der da, —
und er nahm seine Pfeife aus dem Munde, und wies
damit auf mich.

Pietro, sagte der Lieutenant, ich bin auch ein
Deutscher. —

Was Deutscher! Sie sind mein Lieutenant.

Höre Pietro, sagte der Officier, willst du mir
noch nicht sagen, von welcher Religion du bist? Ich
muß dich nun bald abliefern, und also muß ich das
wissen. —

Ich habe keine Religion, sagte Pietro, und verfluchte sich, und trank aus seiner Flasche. —

Was soll ich aber in die Werbeliste setzen? —

Ich werde doch nicht haben sollen, was ich nicht
habe? sagte Pietro. —

Wie soll ich dich aber angeben? —

Wie Sie wollen, Herr Lieutenant! —

Du verstehst das nicht, Pietro. Bey uns werden alle Religionsverwandten geduldet; nur die nicht,
die — gar keine Religion haben. —

D 5 Das

Das geht mir nichts an. Laſſen Sie mich wieder laufen; hab ich doch Ihr Handgeld! —

Wie kann man dich den ſchwören laſſen? —

Hohle der .... Ihren Schwur! Ich ſchwöre alle Augenblicke meinen eigenen, ohne daß es mir jemand heißt. —

Pietro ſchwur fürchterlich. —

Glaubſt du denn gar nichts? —

Ich glaube daß ich Pietro bin, und daß ich und mein Murmelthier nicht in Ihrem Lande ſterben werden. —

Hüte dich, Pietro, daß du nicht in der Luft ſterben mußt! —

Das iſt ſo viel als im Waſſer oder in Mutters leibe!

Pietro trank meine Flaſche aus. —

Ich konnte dieſen Abſchaum von Böſewicht nicht länger ertragen, und winkte dem Officier. —

Geh hin, ſagte der Lieutenant, und ich gab ihm einen halben Gulden. —

Pietro zerſchlug meine Flaſche. — Dein Wein iſt gut, Deutſcher, und dein Geld auch! ſagte er, drehete ſich herum, ſchlug auf ſeinen Huth, und ſang im Weggehen ein Savoyiſches Liedlein mit wunderlichen Gebärden. —

Gott! dachte ich, du erträgſt dieſen, und ich ſollte nicht erduldend ſeyn? und die Ewigkeit ſollte ein Traum ſeyn? —

Das

Das Duell. Die zerschlagene Geige, und die Heiligen des Paradieses.

Pumper war unterdessen bey dem Commando gewesen und theilete reichlich mit, was seine Flasche vermochte.

Pietro fand ihn im besten Behagen mit einer derer Nymphen plaudern, welche dem lustigen Zuge folgeten.

Heda! schrie Pietro, und schlug Pumpern mit Nachdruck auf das Knäuel Ziegenhaar, das auf seinem erhabenen Rücken lag; — wer bist du Bursche? —

Pumper drehete sich schnell herum, lehnete sich auf seinen knotigten Stecken, sahe mit einer entschlossenen Mine an Pietro hinan, und sagte: Was willst du Mausefallenkrämer? —

Hund, sagte Pietro, mach mir kein krumm Maul! —

Langer Tölpel! schrie Pumper, siehe zu, daß ich deine Backzähne nicht in den Fahrweg begrabe! —

Wir werden ein Gefecht sehen, sagte ich zu dem Officier. —

Desto besser, antwortete er mir, und sahe ruhig zu. —

Komm her, bucklicher Zwerg, sagte Pietro höhnisch, ich will dich in meinen Kasten stecken! —

Pumper trat zwey Schritte zurück, und rannte dann mit seinem spitzigen Kopf schnell und gewaltig gegen Pietros Bauch, warf ihn im Augenblick nieder,

der, kniete auf ihn, und zerschlug mit seinem Stab des Pietro Geige und seine Nase nach seinem besten Vermögen. —

Pietro bat ängstlich um sein Leben, und empfohl seine Seele den Heiligen des Paradieses laut. —

Ich muß dir einen deiner Backzähne ausreißen, Bruder, brüllte Pumper, ehe du einen Schritt von hier thun sollst, und bläuete Pietros Angesicht mit großer Gedult und Muse. Die Gruppe war vortreflich! —

Laß ab, Pumper! rief ich.

Pumper sah nach mir hin, stieg auf, und sagt im Weggehen zu Pietro: fahre wohl Bruder, und gedenke bey Gelegenheit an den bucklichen Zwerg!

Pietro erhub sich mühsam und besudelt, fluchete aus allen Kräften, ließ seine Nase abwaschen, und Pumper trat mit großer Gleichgültigkeit an den Wagen. —

Daß dort alles ruhig ist! rief der Officier. Pumper klopfte mit seinem Stabe den Staub von seinem Kleide, und sagte zu dem Lieutenant: Herr Lieutenant! der große Kerl dort ist ein Lumpenhund, oder ich will einer seyn, wenn ich lüge.

Du bist ein herzhafter Junge, sagte der Officier, druckte mir die Hand, wünschete mir einen fröhlichen Weg, rief: auf! und der Zug marschirte fort.

Das

Das Wegegeld.

Nicht lange waren wir gefahren, als der Postillion an einem Hause in freyem Felde hielt, und sagete: Hier müssen Sie Wegegeld geben. —

Für was? sagte ich. —

Wir sind am Schlagbaum. —

Desto schlimmer!

Ein finsterer Mann rief Pumpern trotzig an! das Wegegeld! — —

Ich verstehe dich nicht, Bruder, sagte Pumper, geh zu meinem Herrn an den Wagen. —

Der Mann reichete mir einen Zettul in den Schlag, und sagte: Sie werden das Wegegeld geben. —

Ich werde es nicht; denn ich mag diesen Weg nicht fahren. —

Sie müssen das, Herr! und der Mann lächelte tückisch.

Ich muß? so versperret mir denn den Nebenweg wo Ihr das könnet, guter Freund. —

Dafür ist gesorgt.

Schwager, rief ich, fahr neben hin. —

Ich kann nicht! es sind Gräben da aufgeworfen. —

Ihr müsset wunderliche Leute hier seyn, sagte ich, daß ihr euch wollt einen Weg bezahlen lassen, den ich nicht fahren mag, und mir auch den verbietet, den ich umsonst fahren könnte! —

Das ist nun einmal so, brummte der Mann; und wenn Sie Ihr Geld bezahlen, so mögen Sie dann von dem Weg halten, was Sie wollen.

Giebt

Giebt es Philosophen in eurer Stadt, guter
Freund? fragte ich, und bezahlte mein Geld.

Ich weiß viel, was Sie da sagen, antwortete
der Mann! —

Das sind Doctoren, welche dafür halten, ihre
Nase sey der allgemeine und sicherste Wegweiser des
menschlichen Geschlechts, und die nicht dulten, daß
man seinen Weg für sich gehe, ob gleich der ihrige
von der Beschaffenheit ist, daß sie sich zuweilen selbst
dispensiren darauf zu wandeln. —

Ich verstehe Sie nicht, sagte der Mann. —

Das ist desto besser? —

Daß die Pest den Kerl hohle! sagte Pumper, da
wir fortfuhren. —

Warum Pumper? —

Ich bin schon lebendig gerädert, und wir sind noch
nicht zwey hundert Schritte von dem Hause! —

Du irrest, mein Freund. Dieser Weg ist der
bestmöglichste; —

Lieber Herr, der Dieb, der Ihnen das gesagt hat,
hat Sie belogen; aber ein Dieb ist immer ein Lüg-
ner, wie man sagt. Der Weg, den wir fahren, ist
ein verdammter Weg, und mein Hinterer weiß
das. —

Wer hat nun hier Recht? dachte ich. Pumpers
fünf Sinne, oder anderer Leute Speculation?

Pumper sagt' ich, du kannst nicht Recht haben,
denn den Weg haben Philosophen angeleget. —

Daß Gott die Kerle verwirre! sagte Pumper,
und sprang vom Bock; Sie müssen sich nicht darauf
verstehen, wie man einen Weg bauet, und sie beküm-

mern

nern sich gewiß viel darum, wie ein armer Bedienter auf dem Kutschbock fährt! —

Der Visitator. Was ein Syllogis-
mus sey.

Pumper schalt die Philosophen und den bösen
Weg, bis wir an das Stadtthor kamen. —

„Herr Autor, alles, was Sie uns von dem We-
„ge, auf dem Sie wandeln, bis hieher gesagt haben,
„ist —, gestohlen. Wenigstens die Idee von dem
„allen. —“

Und wo dann, lieber Herr? —

Aus Yoricken! sehen Sie das nicht? —

Sie sind wunderlicher als Sie denken, lieber Herr.
Yorick reisete, — und gewiß nicht in der Luft. Ich
reise, und — dazu gehört unfehlbar ein Weg. Soll
ich von meinem Wege nicht reden, da er einmal da
ist? —

„Kurzum! Sie imitiren, und, (unter uns,) sehr
schlecht!“

Yorick aß und trank. Ich auch. Er verrichte-
te das alles, was ich und Sie verrichten müssen —
vielleicht mit andern Gebärden, als wir. Wir
imitiren ihn also, und obendrauf — schlecht.

Wie gefällt Ihnen dies? Es ist erbärmlich räson-
niret, das ist wahr; aber, warlich! wir beyde räsonniren nicht klug. —

Der Postillon hielt, und die Schildwacht fragte:
Wo kommen Sie her? —

Von

Von der ersten Station, sagt' ich. —

Und wo wollen Sie hin? —

Gott Lob! dacht' ich, das alles sind keine Heim-
lichkeiten, und diese Leute sind billig. —

Ich will auf die folgende Station. —

Gedulten Sie sich, rief die Schildwacht, und zog
den Schlagbaum zu. —

Der Officier der Wacht kam an den Wagen.

Ihren Namen, mein Herr? —

Ich sagte ihm denselben, und er zog ein Täfelchen
aus seiner Tasche. —

Ihre Bedienung? —

Ich habe keine. —

Wo kommen Sie her? —

Von der ersten Station. —

Sind Sie da zu Haus? —

Diese Leute sind naseweis! dacht' ich. —

Nein, ich bin nirgend zu Haus; denn ich habe
keins in der ganzen weiten Welt. —

Wer sind Sie denn? —

Ein Reisender von Profeßion. —

Eine wunderbare Profeßion! und wo wollen Sie
hin? —

In diese Stadt. —

Was für Geschäfte haben Sie hier? —

Diese werden Sie nicht intereßiren, mein Herr. —

Halten Sie sich und mich nicht ohne Noth auf?
Ich muß sie wissen. —

Ich lasse mich auf den Punct nicht gern ausfra-
gen. —

So werden Sie sich gefallen laſſen, einen kleinen Weg zu Sr. Excellenz dem Herrn Gouverneur zu thun. —

Se. Excellenz gehören ganz nicht in meinen Plan. —

Eine kleine nähere Nachricht müſſen Sie nur von Ihren Geſchäften geben. —

Nun dann, mein Herr, ſie werden kürzlich darinne beſtehen, daß ich dieſe Nacht hier ſchlafen werde, wofern ich kann, oder meine Gedanken für mich habe, wofern ich nicht ſchlafen könnte. —

Wo wollen Sie abtreten? —

Ich weiß es nicht genau; denn ich vermuthe aus allen Anzeigen, daß man in Ihrer Stadt ſeinen eigenen Willen nicht haben darf. —

Sind Sie hier bekannt? —

Nein; denn wär ich es, ſo würden Sie mir dieſe Frage itzt nicht thun können. —

Was wollen Sie damit ſagen? —

Daß ich, wenn ich es irgend Umgang nehmen kann, nicht zweymal in meinem Leben an Ihren Stadtthoren ein Verhör aushalten werde. —

Der Officier verließ mich mit einer Mine, die mir wenig Gutes verſprochen haben würde, wenn ich nicht in Abſicht meiner Reiſen und Geſchäfte ein ſo reines Gewiſſen gehabt hätte, als — etwan ein Blinder haben könnte, den ein Narr zum Zeugen anrufen wollte, er habe einen klugen Streich von ihm mit Augen angeſehen. —

Fahr zu Schwager! rief ich. —

E   Gedult!

Gedult! sagte der Officier, und die Wacht trat ins Gewehr. —

So wahr ich lebe! sagte ich heimlich, hier ist die Gedult zu Hause; wenn —

Ich konnte meinen Monolog nicht zu Ende bringen; denn ein hagerer krauskopfiger Mann, der das Gesicht der Inquisition hatte, fragte mich trotzig: hat der Herr hier nichts verbotenes bey sich? —

Ich kann nicht wissen, mein Herr, sagte ich, was hier geboten oder verboten ist; denn ich bin ein Fremder. —

Sie müssen aussteigen, und Ihr Diener da, mit dem andern Mann, von Bock! —

Ich bin ein ehrlicher Mann, sagte ich, und —

Das kann ich Ihnen nicht ansehen! —

Und das darf ein Bube mit diesem verworfenen Gesicht einem Biedermann sagen? dachte ich, und blieb sitzen. Pumper zog seine Augenbraunen zusammen, sah ihn hämisch an, und der Bote sprang vom Wagen. —

Hat mich der Herr verstanden? sagte der Mann. —

Ich wünschte, sagt' ich, daß ich Ihm irgendwo zeigen dürfte, wie genau ich Ihn verstanden habe! —

Steigen Sie aus, lieber Herr, sagte der Bote heimlich auf der andern Seite des Schlages, oder die Wacht mengliert sich drein, und denn müssen Sie in Arrest! —

Ich stieg aus, Pumper sprang vom Bock und beugete seinen knotigten Stecken. —

Der Mann trat mir näher: Herr; ich werde visitiren. —

Und

Und was denn? Ich wiederhole es; ich bin ein
ehrlicher Reisender! —

Hm! das kann ich ja doch nicht wissen! sagte
er höhnisch kalt. —

Hieher, wenn du nicht dreyfach Epictet bist, und
tödte mich, daß mein Blut kochte! in welchem hohen Grade muß ein Mann ein Schurke seyn, der
sich zu diesem elenden Beruf herab läßt, und wie
nichtswürdig ist das Daseyn eines Buben, der jedermann, ohne Unterschied, ex officio für seines
gleichen ansehen und behandeln muß, und der dies
so kaltblütig thut, als dieser Kerl! — Eben wollte
ich ihm dis ohngefehr sagen, als er mich zu meinem
Glück unterbrach: Eine Prise von Ihrem Taback, Herr! —

Ich öfnete mechanisch meine Dose. — Schnell
stieg ein Feuer in meine Wangen; denn es war meine Lorenzodose. — Und dieser Elende, dachte ich,
soll sie entweihen? Ich drückte die Dose sogleich wieder fest zu. —

„Sanftmuth, Zufriedenheit mit der Welt,
„unüberwindliche Gedult, Verzeihung für
„die Fehler der Menschen, diese ersten Tugenden
„lehrt er seine Schüler. —“ Diese, Jacobis,
Lorenzos und jeder Tugend Freunden so bekannte
Stelle fiel mir itzt augenblicklich ein, und traf meine,
aus ihrem Gleichgewicht so gänzlich gebrachte Seele,
so erschütternd, daß ich meine Dose öfnete, sie dem
Visitator freundlich hinhielt, und in dem süßen Gefühl meines Sieges nicht mit dem großen und weisen Lorenzo selbst getauscht haben würde; denn,

ohne

ohne Ruhm zu melden, ich hätte mehr zu verzei-
hen, als er. —

Der Visitator nahm tückisch lachend eine Prise.
So ruhig mein Blut itzt auch immer war, konnte
ich doch einen Gedanken, der mir unwillkührlich auf-
stieg, nicht unterdrücken, da der Visitator meinen
Taback mit Wollust durch seine großen Nasenlöcher
hinauf zog. Miltons Sünde, das abscheuliche Ge-
spenst, fiel mir mit ihren weit aufgesperrten Nasen-
löchern ein. —

Haben Sie mehr von der Sorte? sagte der Visitator. —

O ja! einige Pfunde. —

Wo haben Sie die? —

Im Kutschkasten. —

Sie sind mein! —

Wie so? —

Weil sie mein sind; antwortete der Visitator. —

Eine sehr kluge und philosophische Antwort, so
wahr ich lebe, mein Freund!

Ohne Umstände, mein Herr! und er nahm den
Taback aus dem Kutschkasten. —

Ist er ein Philosoph? sagte ich.

Ich bin ein Visitator. —

Aber, ich habe den Taback für mein baares Geld
gekauft, und ich will ihm mein Eigenthumsrecht so
klar demonstriren, als die Sonne am Himmel schei-
net. —

Was geht mich ihre Sonne an? sagte der Visitator, und steckte den Taback ruhig in seine weiten
Taschen. —

Pumper

Pumper stand fest auf seiner Stelle, stützte sein
Kinn auf seinen Stab, und sahe den Visitator sauer
an. —

Was hat Er bey sich? sagte der Visitator. —

Pumper schwang seinen Stecken, und sagte: nichts,
als den da, Bruder. —

Wendet Eure Taschen um, sagte der Visitator
trocken zu Pumpern und dem Boten, und gieng trotzig auf sie los.

Pumper fluchte, und sprang zurück. —

Wende sie um, sagt' ich; du weißt viel was ein
Syllogismus zu bedeuten hat. —

Ist der Kerl da ein Syllogismus, lieber Herr?
sagte Pumper. —

Weigere dich nicht länger Pumper; der Herr ist
ein Philosoph. —

Ich will lieber ein Schurke seyn, sagte Pumper,
als ein Philosoph, und leerte seine Taschen aus. —

Haben Sie weiter nichts contrebandes bey sich,
mein Herr? fragte der Visitator. —

Ich bin vielleicht selbst contreband, sprach ich;
denn so wahr ich ehrlich bin! Er darf es nur wollen, so bin ich es. Seiner Logik läßt sich nichts
entgegen setzen. —

Fahren Sie hin, sagte der Mann, und ich stieg
in meinen Wagen. —

Das war ein Flegel! polterte Pumper, und
fluchte. —

Der Herr ist noch lange nicht durch, sagte der Bote. Er muß noch einmal dran. —

Ein

Ein Grenadier mit einer dicken Bärenmütze gieng neben dem Wagen her, und ich rief ihm: Guter Freund, will er mir den besten Gasthof anzeigen? —

Gar gern mein Herr; aber ich will Sie zuvor sonst wohin begleiten. —

Ich habe sonst wo nichts zu thun. —

Um Vergebung! Sie werden noch einmal visitiret, oder Ihre Sachen plombiret. —

Was heißt das? —

Das heißt, Sie müssen alle Ihre Koffers, Felleisen, und was Sie bey sich haben, noch einmal durchsuchen, oder sie versiegeln lassen. Das erste, um zu sehen, ob Sie keine verbotene Waare bey sich führen; oder das andere, damit sie dieselbe hier nicht absetzen können. —

Der Wagen hielt für einem großen Haus. —

Sie werden hier aussteigen, sagte der Grenadier. Ich stieg aus.

Ein hübscher wohlgekleideter Mann fragte mich; werden Sie hier bleiben? —

Diese Nacht, hoffe ich. —

So belieben Sie Ihre Koffers zu öfnen. —

Mir beliebt das nicht. —

So werd ich sie plombiren, das beliebt mir! —

Bemühen Sie sich nicht, mein Herr; denn ich brauche auf heute noch meine Nachtmütze und meinen Schlafrock. —

Sie müssen sehr weit her seyn, weil Sie noch nicht wissen, daß das plombiren eine Sache ist, mit der niemand scherzen darf. —

Ich

Ich komme aus — Ober-Egypten, sagte ich in der Geschwindigkeit, und meine Nase hat allenthalben den Taback geschnupfet, den ich bezahlt hatte, und ich habe nie einen Visitator gefunden, der ein Philosoph ist, und niemand hat meinen Koffer versiegeln wollen, weil kein Mann unter dem Himmel mehr Recht an demselben hat, als ich. —

Hier ist die Liste derer contrebanden Waaren. Führen Sie dergleichen nicht? —

Ich sahe die Liste durch. — Nein, sagte ich, von dem allen führe ich nichts. —

So will ich auf Ihr Wort plombiren; aber ich warne Sie, reißen Sie das Siegel nicht ab, bis Sie aus dem Lande sind! —

Das heißt, ich darf von nun an —

Es heißt, unterbrach mich der Commissarius, Sie zahlen eine Kleinigkeit für das plombiren, und Sie öfnen Ihre Koffers von nun an eher nicht, bis Sie über die Gränze sind. —

Mein Herr, sagte ich, ich soll Sie dafür bezahlen, daß Sie mich wie einen Bettelmönch reisen lassen? —

Der Commissär lachte. —

So suchen Sie lieber, so viel Ihnen beliebt; eins sollen Sie doch nicht finden. —

Und was ist das? —

Meine Gedanken. —

Diese sind frey, wofern sich Ihre Zunge nicht darein mischet; denn man untersuchet hier nichts als die Koffers. Aber unter gewissen Umständen plombiret man die Mäuler. —

C 4

Der

Der Commissär riß alle meine Haabseligkeiten durcheinander, ich sah ruhig zu, und Pumper wischte den Schweiß von seinem Angesicht mit dem Zipfel seines Ueberrocks. —

Der Commissär ließ des Boten Felleisen öfnen. Gott helfe dir, Bruder! sagte Pumper, und wollte seinen Mantelsack verbergen. —

Nicht so geschwind, guter Freund! rief der Commissär. Was ist in dem Mantelsack? —

Ist der Musje ein Kunstrichter? zischelte Pumper mir ins Ohr. —

Nein mein Freund. —

Aber so ein — Philosophe wie der im Thor? —

Vielleicht! —

Pumper packte seinen Mantelsack aus, und sagte: da Herr Philosophe, eines armen Bedienten schwarze Wäsche, ein paar Schuhbürsten und meines Herrn Pudermantel. —

Paßirt! sagte der Commissär. —

Darf einer durch diese Stadt mit einem Mantelsack reisen, wenn er ein armer Teufel ist, und gerade keinen Koffer hat? fragte ihn Pumper. —

Allerdings! wer kann das verbieten? —

Und den Kunstrichtern geht das nichts an? —

Nein! sagte der Commissär, und lachte. —

Gott segne diese Stadt! — sagte Pumper, und klopfte dem Commissär gutherzig auf die Schultern; — denn, meines Herrn Taback war wohl freylich nicht sein, weil — er nicht sein war, und ich mußte nun wohl meine Taschen umwenden, weil

es der Kerl, der — was war der Bursche, dem
Ihr Taback gehörete? —

Ein Visitator, Pumper. —

Ach nicht doch! —

Glaub mir, er war weiter nichts als dies da. —

Nun denn, weil es der Kerl so haben wollte, daß
ich sie umwenden mußte; aber eines ehrlichen Kerls
Nase ist doch sein allein, weil sie sein allein ist, und
keinem Visitator gehört. —

Du bist inspirirt! sagte ich. —

Und ein armer Teufel darf mit einem Mantelsack
reisen, weil — er einen hat. —

Und du bist ein Narr, weil du einer bist! —

Und es giebt hier keine Kunstrichter, die mir meine Bürsten und meinen Pudermantel nehmen, weil —
es keine giebt. —

Glück auf, Pumper! rief ich; die Philosophie
thut ihre Wirkung auf deinen Schädel, — und
schloß meine Koffers zu, und wollte einsteigen. —

Eine kleine Discretion für das Visitiren!
sagte der Commissär. —

Auch das noch? — das ist großmüthig! sprach
ich, bezahlete, und fuhr fort.

Der Hausknecht.

Was befehlen Ihre Hochgebohren? sagte der
Hausknecht, da er mir das Zimmer öfnete. —

Ich bin nicht hochgebohren, guter Freund; denn
ich bin aus eben dem Planeten, aus welchem du
bist. —

Was

Was befehlen denn Ihre Gnaden?

Ich habe hier nichts zu befehlen. —

Um Vergebung! sagte der Hausknecht, und rieb seine schmutzigen Hände in seiner grünen Schürze ab. — In diesem Haus steht alles zu einer hohen Herrschaft Befehl.

So lauf denn, und hohle mir meinen Taback. —

Wo ist er Ihre Gnaden? —

Beym Visitator. —

Gott erbarme es! da ist er contreband, wie ich vermuthe. —

Sieh denn, daß ich hier nichts zu befehlen habe? —

Schlimm genug ist das! man hat itzo so nichts als das liebe Leben. —

Wie reimet sich diese Anmerkung hieher? Gieb mir zu essen, und mach Feuer in den Camin. —

Der Hausknecht nannte mir 20 Schüsseln, und fragte, welche ich befehl? —

Alle zwanzig, sagte ich.

Das kann ich nicht, Ihre Gnaden. —

So gieb mir keine, Freund. Das kannst du doch? und — verlaß mich. —

Er beugte sich, schüttelte den Kopf, und gieng hinab. —

Das

Das Verhör. Der Spion, und das Erdbeben.

Lieber Herr, schrie Pumper, und riß die Thür auf; unten ist ein Officier und drey Soldaten die Sie suchen. —

Mich? —

Ja Sie! ganz gewiß ist der verfluchte Mantelsack daran schuld, oder das Felleisen, das ich dem Bothen abnehmen mußte. —

Sey ruhig Pumper!

Der Hausknecht stürzte mit einem ängstlichen und neugierigen Gesicht herein, sah mich an, wie man einen armen Sünder ansieht, und sagte: — Mein Herr, ein Officier will Sie sprechen. —

Sag ihm, mein Freund, ich wollte ihn nicht sprechen. —

Ja! Sie werden wohl müssen. Er hat 3 Bärenmützen bey sich. —

Muß ich? Sehr gut! hiewieder läßt sich nichts einwenden. —

Der Officier trat höflich herein, und sein Anstand weissagte nichts trauriges.

Ich wünschte mit Ihnen allein zu seyn, mein Herr, sagte er, nach dem ersten und kurzen Compliment. —

Ich habe hier nichts zu befehlen, sagte ich; denn ich bin in dem Gebiete der Gedult. —

Der Officier lächelte, und ich winkte Pumpern zu, sich zu entfernen. —Der Hausknecht blieb stehen. —

Was

Was will der naseweise Kerl hier? sagte der Officier zu ihm. —

Ich habe hier zu thun, sagte der Hausknecht.

Pumper faßte des Hausknechts linkes Ohr mit
seiner rechten Hand, führte ihn zur Thür hinaus,
und sagte: Komm Bursche! ein Soldat, ein Bedienter und ein Kerl wie du, dürfen nicht räsonniren. —

Vergeben Sie mir, sagte der Officier, da wir allein waren. Ihre Antwort im Thor hat Se. Excellenz dem Herrn Gouverneur nicht befriediget, und
ich bin beordert, einige nähere Erkundigung von
Ihnen einzuziehen. —

Ich bin Sr. Excellenz Diener, sagte ich; und
wenn Se. Excellenz nur nicht etwan dafür halten,
ein Geheimniß könne ein Geheimniß bleiben, so bald
es verrathen werde, so mögen Sie fragen, was Ihnen beliebt. —

Ihren Namen dann, mein Herr. —

Ich sagte ihn dem Officier; aber — setzte ich
hinzu — daß mich Se. Excellenz nicht etwan den
Kunstrichtern verrathen! denn ich werde meine Reise, und auch meine heutigen Begebenheiten, drucken
lassen. —

Ihre Bedienung? —

Ich diene gern jedermann; aber —

Aber keinem Herrn insbesondere? —

O ja! diesen Abend, zum Beyspiel, diene ich Sr.
Excellenz. —

Wo kommen Sie her? —

Aus Ober-Egypten. —

(Ich

(Ich mußte dies wiederholen, weil ich es im Thor einmal gesagt hatte. —)

Und wo gehen sie hin? —

Wahrscheinlicher Weise dahin, wohin Se. Excellenz befehlen werden. —

— Gut, wenn man Sie aber reisen läßt? —

Auf die erste Station. —

Und von da? —

Auf die folgende. —

Und am Ende? —

Dahin, wohin wir alle gehen. —

Ich verstehe Sie nicht! —

In die Ewigkeit. —

Was für einen Beruf haben Sie? —

Den, zu reisen.

Was für ein Landsmann sind Sie?

Halten Sie sich an die Sprache. —

Ein Deutscher demnach?

Wofern Sie wollen. —

Ihre Aeltern, mein Herr? —

Waren Bieder und Gut, aber ich habe sie nicht gekannt. —

— Ihre Verwandten? —

— Ich bin mit der ganzen Welt gleich nahe verwandt, was auch die Erbschaftsrechte immer seyn mögen. —

Seyn Sie ledig? —

Wofern es Sr. Excellenz gefällig seyn wird. —

Ich meyne ob Sie verheyrathet sind? —

Nein. —

Und Ihre eigentlichen Geschäfte? —

Ich

Ich bin ein Spion.

Was? —

Ein Spion. —

Desto schlimmer! —

Nein, desto besser! —

In wessen Angelegenheiten sind Sie also hier? —

In meinen ganz eigenen.

Was für Aufträge gab man Ihnen, da man Sie zum Spion machte? —

„Sey fröhlich; lerne die Menschen kennen,
„und dich selbst; aber das ist schwer, und dem=
„nach sey auf deiner Hut; erdulte die Narren,
„hasse den Bösewicht nicht; widersetze dich der
„Nothwendigkeit nie; ehre die Gesetze, und lie=
„be die Geschöpfe deiner Art, weder mehr noch
„weniger als dich selbst. —“

Wer gab Ihnen diese Aufträge? —

Die Freude, der Menschenverstand, und die Gutherzigkeit.

Kennen Sie den Ali Bey? —

Ich habe diese Ehre nicht. —

Und kommen doch aus Egypten? —

Wofern die Einwohner ihr eigen Land kennen. —

So müßten Sie ihn kennen, sollte ich glauben. —

Die Bekanntschaft derer Sultane, ist meine Sa=
che nicht, und mein Interesse steht mit dem ihrigen
in keiner Verbindung. —

Werden Sie sich hier aufhalten? —

Nein, es sey denn daß Se. Excellenz ein anderes
befehlen. Ausserdem bin ich sehr unruhig, und die
philosophische Luft Ihrer Stadt ist mir nicht zu=
träglich. —   Sie

Sie werden mir Ihre Päſſe vorzeigen. —

Ich habe keinen als den da, — und ich wies auf meine Naſe. — Dieſe hat mich bis hieher immer durch die Welt geführet, und in der ſtärkſten Hoffnung auf den dort oben, — ich wies gen Himmel, — bin ich unbekümmert und ſorglos bis hieher geſchlendert. —

Sie ſind kein gefährlicher Spion. —

Das hoffe ich zu Gott! —

Sie werden ſich gefallen laſſen, daß ich Ihnen einen Grenadier vor ihrer Thür laſſe, bis ich Sr. Excellenz Rapport abgeſtattet habe. —

Das iſt mir ganz gleichgültig, wenn mir der Grenadier nur meine Gedanken und meinen Pumper frey paſiren läßt. —

Sehr billig! —

Aber, laſſen Sie ihm verhindern, daß der Hausknecht mich nicht noch einmal verhöre! —

Grenadier, ſagte der Officier, kein Menſch ſoll zu dem Herrn gelaſſen werden, als ſein Bedienter. —

Und meine Gedanken! rief ich, und kein Hausknecht! —

Der Grenadier ſtieß ſein Gewehr ab, und ſtand trotzig und unbeweglich da, wie der Coloß, und der Officier ließ mich allein.

Der

Der Monolog.

Dachten Sie dies nicht alles auch mein Leſer? —
Eine halbe Stunde dauerte mein Monolog. —

Der Paß.

Sie ſind frey, mein Herr, ſagte der Officier, in
dem er die Thür öfnete. —

Sie ſagen mir da nichts neues. —

Allerdings! denn es kam immer auf Se. Excellenz an, ob Sie auf Ihre Naſe weiter reiſen durf-
ten oder nicht. —

Vergeben Sie mir! das kam auf mich an. —

Und auf den Grenadier. —

Dafür ſey Gott, daß ein Gouverneur oder ein
Grenadier unter dem Monde mich hindern ſollten,
frey zu ſeyn, und zu reiſen, wohin es mir beliebte! —

Mein Herr, wir haben eine Citadelle, die ſchon
manches ehrlichen Reiſenden letzte Station geweſen
iſt. —

Auch eines, der im Nothfall in Gedanken reiſen
kann? —

Nein! —

Nun; dann hatt' ich Recht. —

Ihro Excellenz ſchicken Ihnen hier einen Paß,
weil Sie in den itzigen unruhigen Zeiten ohne demſelben

ben so bequem und unangetastet nicht würden reisen können, als Ihro Exellenz es Ihnen wünschen. ——

Ihro Exellenz sind sehr gnädig; allein, ich hoffe, daß mir meine Laune allenthalben durchhelfen
soll, wenn mir nur die Neugierigen keine Steckbriefe nachschicken. ——

Ich bat den Officier zum Abendessen, und er
nahm es an. ——

Ich möchte Sie gern näher kennen lernen, sagte
er. ——

Und ich Sie! so haben wir einerley Absicht. ——

Pumper kam herein gehüpft, und hielt beyde Hände vor sich, wie einer der in das Wasser springen
will. ——

Herr Hauptmann, ist das wahr, daß mein Herr
los ist? ——

Ja, er ist es, sagte der Officier. ——

Das hat Ihnen Gott gerathen. Denn, sehen Sie, ich hätte die Stadt sonst angesteckt, und
wär ins Feuer gesprungen, oder ich will verdammt
seyn!

Bestell das Abendessen, Pumper, auf 2 Personen, sagte ich. ——

Pumper sprang fort, und das Neugierigste aller
philosophischen und unphilosophischen Thiere, die je
eine grüne Schürze getragen, und eines Fremden
Angelegenheiten bis auf seine allergeheimsten Gedanken —— die mitgerechnet, die er haben könnte und
nicht haben könnte —— ausgespähet haben, deckte
die Tafel, und untersuchte jede Mine.

Philo-

F

Philosophica. Eine Distinction. Diogenes, und eine Uniform.

Die Suppe ward ruhig verzehret, und der Officier sah mich bey jedem Löffel voll, starr an.

Wie gefällt Ihnen Ihr heutiger Tag! sagte er endlich, da er seinen Teller leer gemacht hatte. —

Ich rede ungern von dem was mir behaget, oder nicht behaget, sagte ich, wenn solche Leute dabey sind, wie dieser. Ich wies auf den Hausknecht. —

Ich werde Ihre Gnaden nicht verrathen! die Herren Passagiers —

Gut, Freund! das sollst du auch nicht, wofern ich meiner Sinnen mächtig bin. —

Marsch! sagte der Officier, was räsonnirt der Hund?

Der arme Hausknecht schlich sich fort, mit der sichtbarsten Unzufriedenheit darüber, daß man ihm den Lieblingsgebrauch seiner beyden Ohren untersagete. —

Ich kenne keins von allen Geschöpfen die mit Ohren versehen sind, — sagte der Officier, — das sie eher entbehren könnte, als ein Hausknecht. —

Und ein Beutelschneider, sprach ich; denn, beym Himmel! warum nagelte man nicht lieber die Hände eines solchen an den Galgen, als seine Ohren? —

Sie haben Recht; aber auf das erste zu kommen: Wie gefällt Ihnen Ihr heutiger Tag? —

Ich habe mein Geld umsonst ausgeben müssen, weil die Philosophen die Sie in Ihrer Stadt haben, nicht

nicht wissen, wie man auf einem Kutschbock fährt, wenn die Wege nichts taugen, — ob sie gleich sonst alles wissen. — Ich habe meinen Taback verlohren, weil meine Nase nicht vermuthen konnte, daß sie hier mit eines Visitators Nase in Kollision kommen würde, der ein Logiker ist. — Ich habe meine Koffers stillschweigend durchwühlen lassen, und des Commissärs Geschäftigkeit, — die ich ihm gern erlassen haben würde — mit Gelde bezahlt, weil — ich mir mein Maul nicht plombiren lassen wollte. — Ich habe zwey Verhöre ausgestanden, weil ich hier das Recht nicht habe, andre Leute verhören zu lassen; aber, ich bin zufrieden, denn ich habe heute gelernt, ein Ding sey ein Ding, weil es eins sey. —

Bey meiner Ehre! sagte der Officier, der Mann, der dafür hielt, Sie wüßten das noch nicht, der war entweder ein Narr, oder ein Philosoph. —

Er war ein Visitator. —

Und bey welcher Gelegenheit hielt er Ihnen diese Vorlesung? —

Er nahm mir 4 Pfund Taback, und sagte dabey: Ihr Taback ist mein, weil er mein ist. —

Das ist ein anders! der Visitator hatte Recht. —

Zufolge welcher Qualität; als Philosoph, oder als Narr?

Als Visitator. —

Mit dieser Distinction bin ich zufrieden; aber diese Herren haben also ihre eigne Logick, wie ich vermuthe? —

Ja! —

F 2   Und

Und von welcher Secte sind diese Philosophen? —

Von ihrer ganz eigenen. —

Was halten Sie von derselben? —

Daß sie Diogenes Antipode sey, der eher seine Nase wegschneiden würde, wenn er noch itzt in seinem Faß wohnete, als daß er zum Vortheil seiner Privatbedürfniß, sich den Taback eines Reisenden confisciren sollte. —

O! Vater Diogenes! kullertest du es noch itzt den Narren auf dem Erdboden zwischen die Beine! seufzete ich laut! —

Ich wollte ihm gleich kullern helfen, sagte der Officier. —

Wofern ich nicht irre, sagte ich, so sind Sie in dem Felde der Philosophie nicht unbekannt, mein Herr? —

Das konnten Sie aus meinem Rock abstrahiren? —

Ich meyne, dieser supponire die Philosophie nicht sonderlich? —

Um Vergebung! sagte der Officier. Er supponiret Gedult, Selbstverleugnung, und Ergebung im höchsten Grad, und von dem allen läßt sich der Begrif von Philosophie nicht wohl wegdenken, wie ich dafür halte. —

So geben Sie mir doch, sagte ich, eine kleine Erläuterung. —

Befehlen Sie Wein, sagte der Hausknecht, und hielt seinen Kopf furchtsam zwischen der halb offenen Thür. —

Bißt du ein Philosoph? sagte ich, —

Ich

Ich bin der Hausknecht! ——

Desto schlimmer, mein Freund! denn auf dem Fall können wir dich hier nicht brauchen. ——

Soll Ihr Diener das übrige herauf bringen? ——
Ja doch! ——

Höre Kerl! rief der Officier, hast du deine beyden Ohren zu irgend einem Behuf noch nöthig, so rathe ich dir, hüte dich, daß ich keins davon mehr erblicke, es sey zwischen der Thür, oder gar in diesem Zimmer! ——

Der zweyte Gang. Die Philosophenschule und des Autors Marschroute.

Pumper trat herein, und war befrachtet, wie ein Weinwagen. ——

Bist du ein Philosoph? sagte der Officier. ——

Ich bin Pumper, und ein ehrlicher Kerl, wie mein Herr wohl weiß. ——

Wenn du das bist, guter Freund, so bist du ein Philosoph.

Den Henker bin ich das! sagte Pumper. Ich habe mein Tage keinen verdammten Weg angeleget, und keiner Seele auf Gottes Erdboden die Ficken umgewendet. ——

Aber du mußt auf bösen Wegen gewandelt seyn, wie ich vermuthe. ——

Auf keinem schlimmern als auf den vor dem Thore.——

Und woher käm es, daß dein Maul eine schiefere Direction habe, als irgend eines ehrlichen Kerls Maul, das ich kenne? ——

F 3   Ich

Ich frage viel nach einer schiefen Direction, und weiß nicht, was das ist; aber das weiß ich, ein Flintenlauf und meine Kinnlade stunden bey M. in einer geraden Linie.

Wie kamst du dahin? —

Mit dem Regiment. —

Bist du Soldat gewesen? —

So gut als Sie Herr Hauptmann. —

So hast du auch schweigen gelernt? —

Ich räsonnire nicht. —

Hast du schweigen gelernt? —

Pumper beugte sich, schenkte Wein ein, und trat stillschweigend hinter des Officiers Stuhl. —

Du bist ein Philosoph und ein braver Bursche, oder es giebt keinen, und du verdientest Corporal zu seyn, sagte der Officier. —

Sie sind mir einige Erläuterungen schuldig, sagt' ich. —

Ich erinnere mich, antwortete der Officier.

So erklären Sie mir doch, mit welcher Vorschrift der Philosophie sich der folgende Fall verträgt.

Ich sah einen Ihrer Mitbrüder gegen einen angesehenen Mann anrennen, und hörete, daß er einigen seines gleichen laut sagete: der Schurke hat kein Portepee, und will einem Officier in den Weg laufen? —

Der Officier wollte mechanisch beweisen, ein jeder, der kein Horn habe, sey ein Hollunke. —

Ein vortreflicher Satz! —

Und vortreflich bewiesen! —

Aber,

Aber, zufolge welches Vernunftschlusses schlug ein Officier einem armen Soldaten die Zähne aus, welcher eine Patrone nicht recht abbiß? —

Der Officier bewies a posteriori. —

Dann habe ich mit alle dem in meinem Leben keinen falschern Beweis gesehen?, denn, um eine Patrone abzubeißen, muß ein Mann, der sie selbst abbeißen soll, doch zuversichtlich seine eigenen Zähne haben? —

Ganz gewiß! —

Aber der Philosoph schlug sie dem Soldaten in den Hals? —

Er wollte ihn in den Geheimnissen der Weisheit initiiren. —

Und warum räderte ein anderer eines Soldaten Schienbeine, der nicht recht marschirete? —

Zufolge der Philosophie des Stocks. —

Eine wunderliche Philosophie! denn nach dieser muß man dafür halten — wie ich glaube, — ein Soldat könne eher nicht gehen, bis man ihm die Beine zerbreche. —

Es scheint so; aber jede Secte hat ihre besondern Meynungen, und also auch diese Philosophen. —

So ist die Methode dieser Herren ihre Schule in Ruf zu bringen, wenigstens sehr unsinnig. —

Aber sehr bequem für jeden Lehrer insbesondere. —

Und wie lange dauern die Prüfungs- und Unterrichtsjahre eines Eleven dieser Schule? —

Gemeiniglich so lange bis er aus der Schule läuft, außerdem — so lange er lebt. —

F 4   Das

Das ist ein Beweis, daß das System und die Vorschriften dieser Herren mit der Natur in einiger Opposition stehen müssen. —

In diesen wichtigen Streit vertieften wir uns, bis gegen Mitternacht, und immer blieb es unentschieden, wer von uns beyden Recht hatte.

Wenn meine Leser hier so müde seyn sollten, als ich es war, da mir der Nachtwächter ankündigte, ich sollte schlafen, und mein Licht auslöschen, weil ich kein Nachtwächter sey; so mögen auch sie belieben, zu schlafen, so viel, und so lange es ihnen gut dünkt. —

„Sagen Sie uns erst noch geschwinde, Herr Au„tor, in welches Land Sie uns geführet haben; denn „fürwahr! wir kennen kein einziges, in welchem Phi„losophen Straßen baueten, und die Taschen der „Reisenden umwendeten, oder ihnen den Taback „wegnähmen. —“

Ich auch nicht, meine Herren; aber, ich bin ein Autor, und mein Land liegt da, wo — ich gleich hingehen werde. —

„Wohin denn? —“

In die Welt der Träume. —

„Ist nicht in Frankreich. —“

Ach! Sie sind schlimmer als der Nachtwächter, meine Herren! —

Die

Die Pause.
Der Autor steht an der Hausthür.

Errata.

Was erzähle ich Ihnen nun zuerst, liebe Leser? Im vorigen Kapitel haben Sie gesehen, daß ich mich auf der ersten Station ins Bett geleget habe. Ich bin noch immer auf dieser Station, wie Sie vermuthen müssen; daß ich aber nicht da bleiben werde, läßt sich eben so leicht denken. Ob ich mich nun von hier bis auf die letzte will auskundschaften lassen, das — ja! das überlege ich eben noch.

Bis Lappland oder Calekut könnt ich reisen; mein Plan leidet es, und ob Sie, wenn ich das thät, Gedult genug haben werden, mir mit Ihrer Lorgnette von weiten nachzusehen, oder neben meinen Wagen herzuwandeln, das überlasse ich Ihnen ganz allein, und Ihrem Plan.

Damit Sie mir aber doch von nun an nicht weiter auf der Spur folgen mögen, so benachrichtige ich Sie lieber offenherzig, daß ich keinen Büsching zu meinen Creutzzügen brauche, und folglich Sie auch nicht. Es wird Ihnen also, hoffe ich, gleichgültig seyn, ob ich Sie in einem Sprunge, von Spanien bis nach Siberien, oder von Grönland bis Batavia, oder von einem deutschen Dörfchen in das nächstgelegene, oder wohl gar aus einem Zimmer in das an-

F 5

dere

dere führe. Leicht soll uns allen die Reise werden;
dafür stehe ich.

Dies vorausgesetzt, ersuche ich Sie, erwarten Sie
von nun an nicht mehr, daß mein Wagen, oder im
Nothfall mein Schifchen, immer eine gerade Linie
halte. Vielleicht bin ich im folgenden Kapitel auf
den Alpen, wenn Sie am Ende des vorhergehenden
glauben werden, ich sey nur ins nächste Zimmer ge=
gangen. Gern, wenn es möglich wär, blieb ich in=
cognito. Um aber doch denen Auslegern, und Deu=
tern einen kleinen Leitfaden zu geben, damit sie mich
nicht gänzlich verlieren mögen, weil ich einen großen
dunkeln Weg vor mir habe, so entdecke ich Ihnen
noch zum Ueberfluß unter vier Augen, daß ich in
Gedanken reise, und — nun noch eine eben so wich=
tige Nachricht, mit welcher ihre Scherschaft sich
nicht sonderlich vertragen wird; — ich bin vom
Titulblatt meines Buchs an also gereiset, was
Sie auch mir immer vermuthet haben mögen.

Ehe ich meine große Reise antrete, will ich mir
einbilden; — denn ich liebe das Dialogiren, —
einige Ausspäher stünden an der Thür des Gasthofs,
und erwarteten mich, um mir lange Weile und sich
eine sehr vergebliche Mühe zu machen. Sie können
denken, daß ich die Idee zu dem folgenden Dialog,
natürlicher Weise, aus Yoricks Reisen gestohlen
habe, der sich auch, ehe er in den Wagen stieg, in
der Hausthür zu Montreuil mit allerley Leuten un=
terhalten mußte. Aber wenn Sie das denken sol=
ten, liebe Herren, so vergessen Sie nicht, daß Ihrer
Spitzfindigkeit nicht einfiel, daß Yorick sich mit
Bettel=

Bettelleuten unterhielt; ich aber mit Leuten, für welchen eines Reisenden Geheimnisse weit unsicherer sind, als Yoricks Geldbeutel auf der Straße zu Montreuil. —

„Wer sind Sie, Herr Verfasser? Sie sollen und „müssen bekennen. —"

Ein Feind der Narrheit, und ein Freund der Narren. —

„Sind Sie ein Gelehrter? —"

Was verstehen Sie unter diesem Wort? —

„Ey nun! was die ganze Welt darunter ver= „steht'—"

So kann ich die Ehre haben, Ihnen zu sagen, daß ich — sehr ungelehrt bin, —

„Sind Sie ein Soldat? —"

Nein. —

„Sind Sie ein Geistlicher? —"

Nein. —

„Sind Sie ein Bürger? —"

Ja.

„Aus welchem Ort? —"

Aus diesem Planeten. —

„Keine Dunkelheiten, aufrichtiger Herr Verfaß „ser! Sind Sie ein Edelmann, oder war Ihr Va= „ter ein Bürger, oder war er ein Bauer? —"

Wollen Sie nicht auch wissen, wie ich heiße? —

„Gern, wenn es möglich wär; denn es ist gar zu „hübsch, wenn die Journalisten, den Autor mit Na= „men nennen, den sie auspfeifen. —"

O!

O! wenn das ist, so wenden Sie sich nur an einige dieser Herren, und ich wette, Sie erfahren alles weit richtiger, als ich es selbst weiß. —

„Sie sollten nicht wissen, wer Sie wären, und „wie Sie hießen?“

O ja! aber warum hätte ich denn den allereinförmigsten und dunkelsten Titul, der sich nur denken läßt, für mein Buch gewählt? —

„Sie konnten auch einen bessern Titul wählen; „denn die Idee von Reisen ist zu geborgt. —“

Ich konnte es; aber ich wollte es nicht. Haben Sie das nicht längst gemerkt? —

„Existiret Ihr Pumper wirklich? —„ Aha! diese Frage kommt aus B.... *)

„Nun! so antworten Sie. —“

Ja, er existiret wirklich, sonst wär ich alle Jahr um hundert Thaler reicher, die Pumper mir kostet. —

„Und ist das wahr, was Sie uns von ihm er „zählen? —“

Glauben Sie es. —

„Haben Sie uns seine Gestalt richtig gezeich „net? —“

- Wieder eine Frage aus B....! Ich glaube, Sie wollen ihm oder mir Steckbriefe nachschicken? —

Nun sehen Sie, ich will doch einmal aufrichtig seyn. Mein Bedienter ist ein ganz anderes Thier als das, das ich Ihnen gezeichnet habe, und der.

gut=

*) B? Brüssel, Berlin, Braunschweig, Bamberg, Breß= lau, === Ich kann Ihnen nicht helfen! zählen Sie diese Städte an Ihren Knöpfen ab. ===

gutmüthige Dromedar, der einen Hamster tod schlug, und ihm am Fahrweg eine Standrede hielt, und der die Kunstrichter und die Philosophen nicht leiden mag, ist — eines Andern Diener, den ich, ohne seine Erlaubniß, copirt habe. —

„Im Vorbeygehen, Herr Verfasser, Sie sagten, „Sie liebten das Dialogiren; aber wir wünschten, „Sie hätten die vielen: sagte, weggelassen. — "

Sie können Recht haben, meine Herren oder Damen. Ich will mich nicht vertheidigen, wenn Sie mir einen Fehler daraus machen, daß ich mich des Worts: sagte, bediente, wo andere Leute, oder ich selbst, redeten und also nicht stillschwiegen. —

„Es beleidiget das Gehör, wenn es zu oft wie-„derholet wird. — "

So ändern Sie das, nach Ihrem Belieben in Ihren Exemplaren. Ich will es am Ende meines Buchs unter die Errata setzen. —

„Ihr Styl ist sich auch ungleich, Herr Autor. — "
Sie sollen Recht haben, meine Herren. Sehen Sie, wie gut ich bin? —

„Aber nun, im Vertrauen; was ist der eigent-„liche Gegenstand ihres Buchs? — "
Fragen Sie sich selbst, Ihre Erfahrung, meine Apologie, ein Orakel, oder meinen Pumper. —

„Wann es wahr ist, daß Sie in Gedanken rei-„sen, so sind auch wohl alle die Histörchen, die Sie „uns da erzählten, die Wege, die Visitators, die „Gouverneure, die Officiere, und sofort, nicht—
„in

„„in rerum natura, ſondern blos — in Jhrem Ge:
„Hirn? —‟

Wie Sie mir das Leben ſchwer machen! — Ja,
ja, ja, das alles iſt blos in meinem Gehirn. —

„Aber wiſſen Sie wohl, daß Wieland ſich eher
„und weit beſſer über die Philoſophen aufgehalten
„hat, als Sie es thun? —‟

Jch weiß es; aber nicht gerade über die, die ich
meyne.

Aufgewärmter Kohl. Ein Sprung. Dort verſtehen ſie ſich beſſer darauf.

„Nun! was wird dies für ein Kapitel werden?
„Wir wollen doch nicht hoffen, daß die Sol-
„daten, und die Commiſſäre, und alles, was wir
„ſchon geleſen haben, noch einmal vorkommen
„wird? —‟

Lieben Leſer, — ja! — Aber wenn ich nun gar
einen Folianten davon ſchrieb? das wär ja noch är:
ger! und könnte man ihn nicht von alle dem ſchrei-
ben? Hören Sie immer noch ein wenig zu, und —
halten Sie den Athem an ſich; denn ich benachrichtige Sie, wir thun in dem Augenblick einen greulichen
Sprung, und wir ſind nicht mehr in der Stadt, in
welcher mich die Philoſophen bald um meine Philo:
ſophie gebracht hätten, wenn irgend einer dieſer Her:
ren es vermögend wäre, ſo lange es meine Laune
nicht zuläßt; und in dieſer befand ich mich eben. —

Die

Die Zugbrücken waren niedergelassen, und ich fuhr in die Stadt hinein; ohne daß ein Thorschreiber, oder ein Visitator, oder eine Schildwacht mich im geringsten aufgehalten hätte. —

Hier ist ein Fremder kein Wunderthier, und dies Volk muß gut und unschuldig seyn; denn es ist nicht argwöhnisch, sagte ich.

Ich stieg im Thor aus, und gieng zu Fuß in die Stadt. —

Wo ist der beste Gasthof? sagte ich zu einem Mädchen nach griechischem Schnitt, das kurz vor mir hin — wie drücke ich die Bewegung aus, die das Mägdchen machte? — Es schwamm nicht, es tanzte nicht, es kullerte nicht, es flog nicht, es floß nicht, es — in aller Welt, Ihr Dichter, wie bewegten sich die Grazien, wenn sie giengen? — Nun, so gieng das Mägdchen, wie die Grazien gehen müssen. —

Sie gehen nicht weit mehr, sagte das freundliche Mägdchen, und zeigete mit dem Finger nach einem großen Haus hin. —

O! sagte ich, dein Geschlecht, liebes Mägdchen, hat mir stets den besten Weg gewiesen, und immer bin ich fröhlich darauf hingewandelt. — Willst du mich begleiten? —

Sehr gern; denn wenn dies Haus Jhnen gefällt, so werden Sie bey meinem Vater einkehren. —

Und wär das Haus Deines Vaters eine Strohhütte, ich würde da einkehren, wo Dein Vater wohnet, mein liebes —

Wir

Wir traten Arm in Arm in das Haus. —

„Sie führeten das Mägdchen? —“

Allerdings! Ich bot ihr meinen Arm, und sie nahm ihn an, so gut als wenn sie eine Dame in Deutschland gewesen wäre. —

„Einer Gastwirths Tochter? auf freyer Stra„ße? —

Wissen Sie schon, daß es eines Gastwirths Tochter war? und meynen Sie, wir wären in einem kleinnen Städchen Deutschlands, wo jeder kleiner Junker sich ein Reichsfürst zu seyn dünkt, und dafür hält, man könne wohl, ohne seinen 32 Ahnen etwas zu vergeben, unter vier Augen einem artigen Bürgermägdchen etwas hübsches sagen, öffentlich aber entadele dies entsetzlich? —

Das Mägdchen verlies mich an der Hausthür, lächelte mich an, lief vor mir hin, und — ich sah es nicht wieder. —

„Wieder abgeschmackt, Herr Autor! was für ei„ne Gelegenheit lassen Sie sich entgehen! —“

Ich verstehe Sie meine Herren; aber das Mägdchen lief fort, und ich büßete mehr dabey ein, als Sie! —

Ein Greis, dem die Gastfreyheit auf der Stirn lächelte, kam mir entgegen, bot mir die Hand, und führete mich in ein Zimmer nach dem besten Geschmack. —

Seyn Sie willkommen! sagte er, und nahm zitternd seine bebrämte Mütze ab. —

Ich

Ich bin in diesem Lande nur seit einigen Augen-
blicken, sagte ich; aber ich habe mein Herz schon
weggegeben. —

„Aha! an das Mägdchen, Herr Verfasser? —“
An wen, lieber Fremdling? sagte der Greis. —

An das Volk, das mich itzt aufnimmt, lieber Vater. Fürwahr, es muß das beste unter der Sonne
seyn, oder doch eins der besten. —

Der Greis drückte mir die Hand, und besahe
mich von oben bis unten. —

Habt Ihr keine Soldaten hier, guter Vater? sagte ich. —

Unsere Nachbarn wohl, aber wir nicht; denn,
wir wollen nicht fremde Männer kleiden, füttern
und bezahlen, damit sie an unsern Stadtthoren
schlafen, oder uns auf der Gassen umrennen, oder
unsern Weibern und Töchtern aus Müßiggang nach-
stellen können. —

„Glück auf, Herr Autor! Wir sind in der
„Schweitz. — Nicht? —“

Nein, liebe Herrn; viel höher. —

„Höher? in Grönland vielleicht? —“

Gedulten Sie sich! —

Meynet Ihr sagte ich zu dem Alten, dies sey
das Schicksal eines jeden Volks, das Soldaten un-
terhält? —

Nein, lieber Fremdling, nicht eines jeden; aber
zuverläßig eines solchen, das sich, wie wir, selbst
vertheidigen könnte, und zu faul, oder zu weichlich,
oder zu furchtsam ist, es zu thun; und das denen
Soldaten keine bessere Beschäftigung geben kann, als

G   eine

eine solche, bey der sie Muse genug übrig behalten,
des Tages umher zu laufen, und des Nachts an den
Thoren zu schlafen. —

Und wer bewacht und vertheidiget Euch? —

Das erste thut die Vorsehung, und eine gute Policey; und das andere unsere Unschuld und Fried-
fertigkeit, und auf den Nothfall unser eigener Arm,
dem wir sicherer trauen dürfen, als einem Fremden. —

Aber warum kundschaftet Ihr nicht jeden Fremdling am Thor aus? —

Weil ein ehrlicher Mann uns nicht gefährlich seyn
kann, und weil einer, der sich nicht auskundschaften lassen will, uns die Wahrheit nicht sagen würde. —

Diese Leute haben wunderliche Meynungen!
dacht' ich. —

Wie verhindert Ihr aber, daß ein Mann, der mit
bösen Absichten zu Euch käm, Euch nicht schädlich
seyn kann? —

Ein jeder von uns steht den übrigen für den
Fremdling, den er aufnimmt. —

Darf das jeder Einwohner hier? —

Warum nicht? —

Ich bin also in keinem Gasthof? —

Wir haben keine in dieser Stadt. —

„Herr Autor — Herr Autor, wo haben Sie
„uns hingeführt? Sind wir unter den Herrn-
„hutern? —“

Nein! —

„Aber doch in Europa wenigstens? —

Nein!

Nein! — über die Ungedult! —

Ihr habt hier gar keine Gasthöfe? —

Nein. —

Also auch keine Hausknechte, die zwey Ohren zu viel haben? —

Eben so wenig. —

Ist das aber nicht unbequem, daß jedes Einwohners Haus, dem ersten besten Fremden offen stehen muß, der in dasselbe gehen und da herbergen will? —

Es kann seine Unbequemlichkeiten haben; aber welche Einrichtung hat nicht die Ihrige? Und meynen Sie, die Menschenliebe und die Gastfreyheit hätten nicht auch ihre großen Süßigkeiten? —

Allerdings wohl, guter Vater; aber wer steht Euch dafür, daß man Euch eben so gut aufnimmt, als Ihr es thut? —

Wir selbst. —

Und wie? —

Wir verlassen unsere Hütten selten, sind zufrieden, besuchen unsere Nachbaren nie aus Neugierde oder Habsucht, und fordern nicht von ihnen, daß sie von ihrer Art zu leben, um unsertwillen, abgehen sollen. —

Habt Ihr keine Philosophen hier? —

Wer sind diese? —

Leute, welche klüger seyn wollen, als andere, und die sich davon dispensiren besser zu seyn, als die übrigen. —

Lob sey dem dort oben! sagte der Greis, diese böse Brut kennen wir nicht. —

G 2

Auch

Auch keine Kunstrichter von einer gewissen Art, die man Pedanten nennt? —

Und wer sind diese nun? —

Leute, welche sich über vieles aufhalten, ohne es zu verstehen — und für denen sich nicht leicht ein Buch darf blicken lassen, das sie nicht gut geheißen haben. —

Wir schreiben hier keine Bücher. —

Nicht? Wie werdet Ihr den klug? —

Aber Sie sind sonderbar, sagte der Greis. Wenn ich Sie recht verstanden habe, so kann Ihr Volk auch durch Bücher ohnmöglich klug werden, weil die Kunstrichter es nicht erlauben, eines zu schreiben, sie —

Ja, guter Alter, das leiden sie nicht gern, denn ihrer viele tadeln ein Buch, sogar, ehe sie es noch gelesen haben. —

Schreiben sie denn selbst welche? —

Zuweilen, und diese nennen sie Kritiken. —

Und dienen diese Kritiken dazu, daß ihr klug werdet? —

Nicht sonderlich. —

Und warum schreiben sie sie denn? —

Aus Hunger und Partheylichkeit, aus Neid, aus Muthwillen, aus Kützel, aus Eigendünkel, aus Gut-meynen mit unter. — *)

So

*) Ich denke, jedermann wird wissen, daß so gar Gellert dies neuerlich erfahren hat; ⹂ ⹂ ⹂ oder vielmehr die Nation. ⹂ ⹂ ⹂ Der arme selige Mann! die arme, einfältige Nation! Gellerten hochzuschä-
ßen,

So sehe ich nicht, wozu Euch alle Eure Bücher helfen; denn keins derselben kann Euch klug machen, — es habe es ein Kunstrichter oder ein anderer geschrieben, — weil —

Der Mann machte mich mit seiner Logik ganz verwirrt. —

Wir haben aber auch gute Bücher, unterbrach ich ihn, ohne welche wir ohnmöglich klug werden könnten. —

Und wo habt ihr diese her? —

Von Verfassern, die sich selbst auf die Kritik verstehen, und für welchen sich die Kunstrichter fürchten. —

Und diese Männer sind also kluge Leute? —

Das sind sie. —

Und wie wurden diese so klug, daß sie Euch lehren konnten? —

Nun! sagte ich, sie wurden es, — sie wurden es —

Wodurch denn? —

Ey nun! auch durch Bücher! —

Und wer schrieb diese? —

Ey! auch kluge Männer! —

So muß einer doch wohl der erste gewesen seyn, der ohne Buch klug genug werden könnte, eins zu schreiben? — und wenn dieser es werden konnte, wo nahm er seine Weisheit her? —

Ich wollte, sagte ich heimlich, daß der Mann mit seiner gesunden Vernunft weit weg wäre! —

Ich

zen und solche Männer zu verachten! Gewiß, die einfältigen Deutschen verdienen nur Gellerte, aber solche Genies nicht.

Ich will Ihnen sagen, wie wir uns bemühen, klug und weise zu werden. Wir untersuchen uns und die Natur, und keiner hindert den andern, sich seiner eigenen 5 Sinnen dabey zu bedienen. —

Ich seufzte tief, und lenkte die Unterredung auf einen andern Gegenstand. Habt Ihr keine Visitators bey Euch? —

Von was für Geschöpfen reden Sie da wieder? —

Das sind Leute, die eine Nase haben, und die nicht leiden wollen, daß ein Biedermann die seinige auch habe, und sich derselben bediene, so gut er kann. —

Nein, sagte der Greis. Wofern ein Fremder seine Nase in unsere Thore herein trägt, so ist er sicher, daß wir sie nicht in Anspruch nehmen; es sey denn, daß sie sich mit unserer Policey nicht vertrüge. —

Wie ist dies zu verstehen? —

So, daß er uns mit seiner Nase nicht beleidige, und unsere Ruhe nicht störe; denn in dem Fall muß er uns sogleich verlassen, oder sie ist dem Fiskus verfallen. —

Das ist billig! Keines Mannes Nase unter der Sonne kommt gegen die Vortheile, die Ruhe und die Sicherheit eines ganzen Volks in Anschlag. Aber, darf ein Fremdling hier so viel Taback in seine Nasenlöcher stopfen als er will? —

Allerdings! was haben seine Nasenlöcher in dem Fall mit dem gemeinen Besten zu thun? —

Und wenn er ihn einmal bezahlt hat, ist er dann sein eigenes Gut? —

Ganz gewiß! wenigstens ist hier kein Mann, der sich einen Visitator nenne, und dem wir gestatteten, zum Nachtheil der Fremden eine Nase zu haben. Ist das nicht allenthalben so? —

Nein. Ich bin in einer Stadt gewesen, wo mir ein Visitator meinen Taback wegnahm, und das aus keinem andern Grund; als weil er ihn wegnehmen wollte. —

Geschah dies zufolge eines Landesgesetzes? —

Nein; dies würde mir ehrwürdig gewesen seyn, sondern zufolge des Vorrechts, das des Mannes Nase für der meinigen hatte. —

Und wodurch bewies er Ihnen dies Vorrecht? —

Er steckte meinen Taback in seine Ficke und sagte, er ist mein. —

Warum ist es der? — fragte ich; —

Weil er es ist, sprach der Visitator. —

Konnten Sie von dieses Mannes Logik nicht weiter appelliren? —

Ich hätt' es gekonnt, und ich weiß gewiß, die Obrigkeit der Stadt würde meine Nase in ihre natürlichen Rechte wieder eingesetzet haben; denn sie ist zwar um vieles kürzer, als die Nase des Visitators war; aber sie ist die billigste und unschädlichste, die je ein Mann in ein fremdes Land getragen hat. Ich unterlies es blos aus Dankbarkeit. —

Wem waren Sie diese in dem Falle schuldig, wovon die Rede ist? —

dem Visitator. —

Ich bin nicht Ihrer Meynung. —

Er

— Er lehrts mich durch seinen Vernunftschluß, ein Ding sey das, was es sey, weil es das sey, und diese Neuigkeit erfordert doch wohl Dankbarkeit! —

Aus welchem Planeten sind Sie, daß sie das nicht vorher wußten, ehe der Mann es Ihnen sagte? —

Ich bin aus dem dort, sagte ich, und wies nach der Erde hin. —

„Und wie kamen Sie in den Mond, Herr Autor? „denn nun vermuthen wir, daß wir mit einander „wenigstens bis dahin gesprungen sind? —

Sie sollen es gleich hören, liebe Herrn; denn der Greis fragte mich; wie sind Sie von der Erde in den Mond gekommen? — und ich irre sehr, oder seine Frage ist völlig die Ihrige. —

Ich bin meiner Nase gefolget, guter Vater, sagt' ich, und diese hat mich hieher gebracht. Das ist ein Beweis mehr, daß ich dem Visitator verbunden war; denn konnte er mir meine Nase nicht, sobald er nur wollte, durch den nehmlichen Vernunftsschluß aus meinem Angesicht wegphilosophiren, durch welchen er mir meinen Taback wegvernünftelte? —

„Vielleicht! sagte der Mondbürger.

Nein gewiß! denn die Generalpachter —

Was ist das für ein Ding, ein Generalpachter? —

Wißt Ihr das auch im Monde nicht? Auch nicht, was eine Million, Mäßigkeit, Geitz, Schwelgerey ist? —

Nein. Ich wenigstens habe nie davon gehört. —

Ihr müßt hier gar nichts wissen, und — nehmen Sie mirs nicht übel, guter Alter, — ich möchte wohl ein wenig benachrichtiget seyn, ob man sich
hier gar nicht um unsern Planeten bekümmert, weil
Ihnen alles so fremd klingt, was ich ihnen sage? —

Nein, denn wir haben in dem unsrigen vollauf zu
thun? —

Habt Ihr denn keine Neugierigen, keine Tagedie-
be hie oben? Keine —

Nein! —

Sind Eure Damen nicht wenigstens wißbegierig?
solltet Ihr nicht einige haben, die mehr zu thun hätten als sich um die Nachbarschaft und die Städtge-
schichten zu bekümmern? denn bey uns giebt es doch
unzählich viele, denen diese Beschäftigung viel zu
klein ist. —

Was sind das Damen?

Sie wissen auch das nicht? Auch wohl nicht, was
eine Toilette, eine Sultane —

Von alle dem weiß ich nicht ein Wort! —

„Reden die Leute dort oben auch deutsch, Herr
„Autor? —“

Sehen Sie nur, was Sie mir da für eine unzei-
tige Frage thun! Ich habe dem Alten wohl wichti-
gere zu beantworten, als die Ihrige ist. Uebrigens
mag es wohl seyn, daß die Bewohner des Mondes
diese Sprache reden; denn der Greis verstund mich
und ich ihn weit besser, als Sie und ich einander
in diesem Buche zuweilen verstanden haben mögen. —

Guter Herr, sagte Pumper, und hüpfte freudig
zur Thür herein? ein schönes Mägdchen da unten

will

will meine Pferde füttern laſſen, und ich ſoll mich
baden, und eſſen und trinken; das verlangt ſie
durchaus. —

Es iſt meine Tochter, ſagte der Alte, und ſie thut
nichts als was die Gaſtfreyheit —

Du Mann, unterbrach ihn Pumper, deine Tochter ſoll ſich nicht um mich und meines Herrn Pferde
bekümmern. —

Wenn ſie es nicht ſoll, ſagte der Alte, ſo haſt du
deine Freyheit. Wir zwingen niemand bequemer zu
ſeyn, als ihm beliebt. —

Das iſt recht, alter Burſche ſagte Pumper, und
hüpfte fort.

Der Greis ſchlich ſich hinterdrein, und ſagte, mit
der ungekünſteltſten offenſten Mine: ich verlaſſe Sie.
Mein Haus iſt das Ihrige, ſo lange es Ihnen gefällt. —

„Konnten Sie uns nicht erſt ſagen, was Sie
„dem Alten für eine Definition von einem Pachter
„und einer Dame, und einer Million Thaler, einer
„Toilette und einer Sultane gaben? —“

Liebe Herrn, Sie ſehen doch wohl, daß er weg-
gieng, und daß ich dazu nicht Zeit hatte?

„Wenn er aber nun noch fragete? —“

Als wenn es nicht auf mich ankäm, ob er fragen
ſoll oder nicht? —

„Gut, ſo geben Sie uns eine Definition da-
„von. —“

Fragen Sie einen Juden, einen Narren, einen
Geizhals, und einen der thörigt wünſcht, ſo werden
Sie erfahren, was eine Million Thaler ſey. Gehen
Sie

Sie nach Frankreich, so wird man Ihnen sagen,
was ein großer Pachter sey. — Gehen Sie in
das kleinste deutsche Dörfchen, wo nur eine Kirche,
eine Pfarrfrau und eine Verwalterin ist, so werden
Sie ein taffend Kleid, eine Dormeuse, und ein paar
Grimassen hinter Gitterstühlen sehen. Wo Sie dies
alles sehen, da sitzt eine Dame. — Wollen Sie
wissen, was eine Sultane sey; so erkundigen Sie
sich, wer die Welt umkehret, Generale und Mini-
sters macht, Orden austheilet, Moden, Farben,
Schminke und Zahnpulver erfindet. Bey dieser Gelegenheit werden Sie zugleich erfahren, was eine
Toilette sey. —

„Das sind unartige Satyren, auf das andere
„Geschlecht. —“

Sie irren sehr! denn schwerlich ist ein Mann auf
Gottes Erdboden, der dies Geschlecht mehr liebt,
und höher schätzet, als ich. Daß nicht jede Dame
klug und liebenswürdig, und sanft und von ihrem
Geschlecht ist, das — beklage ich gar sehr! —

Der Mond. Pumper wird ein Astronom.

Lieber bester Herr, sagte Pumper, und riß die
Thür auf; Ich kann mich in die Leute hier nicht
finden. — Willst du das? willst du jenes? sagen sie, und wenn ich frage, was kostet das und jenes? so antworten sie; es kostet nichts. In welchem Lande sind wir? —

Wir

Wir sind im Mond, mein Freund. —

Wo wären wir? —

In dem Monde, den du so gern betrachtetest, da wir noch auf der Erde waren. —

Pumper sprang hoch in die Höhe. — Und wo ist denn nur Gottes guter Erdboden? —

Dort läuft er, sagte ich. —

Nein, sagte Pumper. Der, der dort steht, das ist der Mond mit Leib und Seel, denn er sieht aus wie er selbst. —

Du bist kein Astronom, und verstehst von alle dem nichts. —

Ich will ein Hund seyn, sagte Pumper, wenn wir im Mond sind. Die Leute hier sehen alle aus, wie andre Menschen, ob sie gleich frömmer und freundlicher sind, als alle die ich noch gesehen habe. —

So sey du denn, wo du willst, wenn du nicht im Mond seyn magst! —

Je! im Mond ist doch nur ein Mann, und wie wären wir denn herauf gekommen? —

Durch die Luft.

Durch die Luft?

Ja, auf diesem Wege wandeln viele Erdbürger hinauf, und kommen auf eben demselben wieder zu uns herab, und erzählen uns, was sie da sahen.

Das ist nicht möglich! —

Weißt du eine andere Art? —

Ich weiß nur, daß noch keine Seele im Mond gewesen ist, als wir, und das kömmt mir närrisch vor, daß Sie und ich die ersten seyn sollten! —

Wer sagt das? —

Ey nun, ich habe in meinem Leben noch keinen solchen Menschen gesehen, als uns. —

Und woher wüßte man denn, daß er 85399 französische Meilen von der Erde entfernet wäre? —

Und daran sollte keine einzige fehlen? —

Kein Schritt fehlt daran! —

Nun da möcht ich doch, mein Seel! den sehen, der mir das so recht deutlich beweisen könnte. —

So bald wir wieder auf der Erde seyn werden, sollen dir es die Astronomen aufs Haar vorrechnen, wie groß, und wie weit ein Stern vom dem andern sey. —

Sind das nicht die Leute, die durch ein großes Rohr in den lieben Himmel hinein gucken? — Wenns die sind, da weiß ich schon, wie es ist. Die verstehen den Henker davon! —

Und das beweist du mir nun auch. —

Gleich! Ich habe einem einmal so ein Rohr nach-getragen, und der gukte nach dem garstigen Stern, der einen feurigen Schwanz hat, und da kam noch so ein Mann dazu, und da zankten sie sich mit ein-ander über den Stern. Wenn sie nun was rechtes verstanden hätten, warum hätten sie denn alle beyde Unrecht gehabt? —

Woher weißt du, daß sie beyde Unrecht hatten? —

Je, weil keiner dem andern Recht gab! —

Nach diesem wichtigen Einwurf gieng Pumper fort, und ich trat an die Thür des Hauses.

Das

Das gute Volk.

Die Vorübergehenden grüßten mich alle gutherzig, und keiner trat hin, und sperrte seine Augen weit auf, wie die Leute zu thun pflegen, die man Menschen nennt, die sich so gern über alles verwundern, und die jeden Fremden für ein Rhinoceros ansehen, und ihn lieber gar betasten und beriechen möchten, um durch alle ihre Sinne überführt zu werden, er sey weder ein Pavian noch ein Schaalthier, noch ein Behemoth, noch ein Vogel Strauß, sondern ein Thier gerade wie sie.

Der große theoretische Philosoph und tiefsinnige Naturforscher Aristoteles lehrte, man müsse, um die Thiere zu unterscheiden, auf ihre Art sich zu nähren, zu gehen, oder sich überhaupt zu bewegen, auf ihre Handlungen und so gar auf ihre Sitten sehen. — Der Mann hatte das hitzige Fieber, sagt man. —

Ein anderer Sterblicher verstand sich so gut auf die Physionomie eines Bären, einer Meerkatze, eines Esels und. s. w., daß er, vermöge eines Triangels bewies, ein Esel sey kein Bär, weil die eine Linie des Triangels durch des Bären Rachen laufe, welches sich bey dem Esel, und bey allen tummen frommen Thieren nicht befände. — (Sie verstehen mich nicht, lieben Leser? — Es geht Ihnen gerade so wie mit der Hypothese des dreyeckigten Physionomisten! —) Auch dieser Mann war ohnstreitig ein dreyfacher Narr, werden viele sagen. Ich sehe nicht meine Herrn, warum er mehr einer

seyn

seyn sollte, wenn er sich durch einen Triangel bewei-
set ein Esel sey ein Esel, als derjenige ohne Streit
ein Narr und ein alberner Pinsel ist, der einen Menschen so lange für ein Unthier hält, bis er durch lan-
ges Anschauen, Betasten und Beriechen sich selbst be-
weiset, dieser Mensch sey leibhaftig das was er ist,
und kein Seekrebs.

In der That, nichts ist den Narrheiten dieser Erde günstiger, als dies, daß die größesten derselben
allgemein sind, und ein Narr ist deshalb keiner, weil
er einer ist, sondern nur alsdenn wird er dafür er-
kläret, wenn er seinen Purzelbaum nach seiner eigenen Art macht, und vielleicht aus Eigensinn, sich
eine Modification ausdenkt, die von der allgemeinen
Art närrisch zu seyn weniger oder mehr abgeht, als
die Authorität des großen Haufens zu dulten geson-
nen ist. ——

Ich hörete, so lange ich mich im Mond aufhielt,
kein Getümmel, keinen Lärm, kein Weinen der Kinder, kein Schelten einer beleidigten —— oder be-
leidigenden Frau, kein Getrommele eines Tamburs
oder eines Faßbinders, kein Rasseln einer Karosse
oder eines Munitionswagens oder Fiacre, kein ge-
brüll eines Trunkenen, kein Gekröle eines Ausrufers
oder Raritätenkastenträgers oder Leyermannes, kein
Klatschen und Fluchen eines Fuhrmannes, kein Holla eines Last- oder Sänftenträgers, kein Wer da?
einer Schildwacht um Mitternacht —— wenn kein
Mensch da seyn kann, wo sie ist, außer ihr selbst —
keine nonsensikalische Verwünschung und Teufels-
bann aus dem Munde eines Exerciermeisters, keine
gelehr-

gelehrte Differtation von der Bude eines Zahnbre-
chers, kein Wetzen und Kopfweg eines Gelehrten;
kein Geklappere oder Geheule eines Nachtwächters,
keine Klage eines unglücklichen und kein infultiren-
des Gelächter eines fröhligen Narren; — kurz,
nichts von alle dem Unwesen, wovon die Ohren eines Biedermanns auf dieser wunderlichen Kugel
gellen.

Aus vollem Herz segnete ich dies gute und glück-
liche Volk, und lehnete mich an den Pfeiler der
Hausthür, als ein wohlgekleideter Mann vorüber
gieng, und mir gefällig zunickte. Ich dankte ihm in
eben der Maße, und fühlete, daß mich jemand bey
dem Ermel meines Ueberrocks zupfte.

Ich sah mich um, und eins von den Geschöpfen,
die im Paradies weiter nichts zu thun haben, als
Westen für die Muselmänner zu sticken, und das Behagen der Rechtgläubigen zu befördern, — wofern
der Philosoph Mahomed in seiner Entzückung nicht
etwann einen Holzapfel für einen güldenen angesehen hat, wie ich jedoch sehr besorge! — stund lä-
chelnd neben mir. Alles was ich zur Ehre der Do-
ctorschaft des guten Träumers Mahomed, und zum
Besten seiner Schüler, aufrichtig wünsche, ist dies,
daß weder er, noch einer seiner Derwische, noch irgend ein Freund seines Systems, nach seinem Ab-
schied von dieser Unterwelt sich in schlechterer Gesellschaft befinden mögen, als die war, in welcher ich
mich befand. —

Haben Sie unsern Herrn gesehen? sagte das lieb-
liche Mägdchen; — denn, daß es ein Mägdchen
war,

war, werden meine Leser ohnehin gleich errathen haben, weil Ihnen allen bekannt seyn wird, daß Doctor Mahomed, der seine Houris in sein wollüstiges System hinein flocht, ein viel zu guter Kenner war als daß er nicht hätte wissen sollen, eine unsterbliche Schönheit dürfe keiner von alle denen Verwandelungen unterworfen seyn, durch welche eine Erdetochter auf der Küste Golkonda gehen muß, ehe Se. Hochwürden der erste Bramine dieselbe würdig finden, Sr. Golkondischen Majestät einen Erbprinzen zu geben. Das heist — eine Houris oder ein ewiges Mägdchen ist einerley. —

Nein, meine Liebe, ich habe ihn nicht gesehen, sagte ich. —

Da geht er ja! da geht er, sagte das holdselige Geschöpf, und klopfte in sanfter Ungedult mit beyden Händen, und der Himmel schimmerte in des Mägdchens Augen. —

Wo geht er, liebes Mägdchen?

Da da da! Sehen Sie ihn nicht? der ist unser guter bester Herr! und das Mägdchen lief ihm nach. —

Es war der Mann, der mich den Augenblick gegrüßet hatte.

Was für ein Herr; und was für ein Volk! sagte ich heimlich. Sie verdienen einander, und hier ist das Paradies, oder es giebt keins! —

„War der Herr hübsch? —‟

Meine Damen, es ist eine sonderbare Sache um das Ideal der Schönheit, und ich wette tausend gegen eins, ein Autor der sich einfallen ließ, hierüber

H

zu dogmatisiren, unternähme eine eben so undank-
bare Arbeit, als Sie selbst, wenn Sie sich in den
Kopf setzen, uns zu überreden, eine Dormeuse sey
einer runzellosen Stirn so vortheilhaft, als einer —
bey welcher man den hundertjährigen Calender entbehren kann. —

Der Tulnkopf im Mond.

Ich sah nicht ohne Entzücken bald diesen bald jenen lachenden Auftritt. Auf einmal wurde ich
durch eine traurige Proceßion aufmerksam gemacht,
welche bey dem Haus, das ich bewohnte, vorüber
gieng. —

Was bedeutet dies? sagte ich. —

Wir begraben einen unsrer ersten Mitbürger, sagte der Mann den ich fragte, und der Mann wein-
te. —

Warum weinen Sie, mein Herr? Ist dieser Fall
hier oben so selten? —

Das nicht, sagte der Mondbürger, aber der Ver-
storbene war einer der rechtschaffensten unter uns, und
sehen Sie einen einzigen von dem Gefolge, der nicht
Thränen abtrockne? —

Ist es mir erlaubt an seine Grabstätte zu gehen? —

Folgen Sie mir, sagte er.

Ich folgte ihm. Der Todte wurde eingesenkt,
und das ohne die allergeringste Ceremonie. Die
ganze Proceßion sahe im Kreys und unter tausend
Thränen den Sarg verscharren, und jeder entfernte
sich

sich einzeln, und mit allen Merkmalen eines stummen und beugenden Schmerzens.

Was ist dies, sagte ich. Ihr begrabet eure Todten von der Art unter freyem Himmel, und auf dem Acker da? —

Ich verstehe Sie nicht. —

Habt Ihr keine Tempel, und keine gemauerte Gräber, und keine Capellen für Todte von dem Rang? —

Was ist ein Todter vom Rang, sagte der Mann? —

Ey nun! ein Mann der bey seinem Leben ohngefehr das war, was dieser war. —

Das heißt, wofern ich Sie recht verstehe, der das nicht mehr ist, was er war? —

Gut! aber ich muß mich doch darüber verwundern, daß ich auf diesem Acker nichts weiter sehe, als aufgeworfene Hügel von Bäumen beschattet. —

Und was wollen Sie da sehen, wo Todte schlafen? —

Mein Herr, ich bin hier ein Fremdling, und verstehe mich auf Ihre Sitten nicht. —

Das merke ich wohl. Ich kann sie Ihnen erklären, wenn Sie nichts besseres zu thun haben, sagte er gutmüthig. —

Sie verbinden mich, wenn Sie mir die Ursachen entdecken, warum ich hier kein Monument, keinen Leichenstein, und nicht einmal einen Ysopbüschel auf allen Gräbern finde, so weit mein Auge reichet? —

Ich werde Ihnen nichts erklären können, wofern Sie mir nicht zuvor sagen, warum Sie alle diese

H 2   Din

Dinge, die ich nicht einmal dem Namen nach kenne, hier vermiſſen. —

In dem Planeten, den man die Erde nennt, und in welchem wir doch auch wiſſen was wir thun, iſt es ganz anders, ſagte ich. —

Es war ein Glück für mich, daß der Mann ſich ſo wenig um unſere Erde bekümmerte, daß er mir nicht die geringſte Frage vorlegte, aus welcher ich hätte ſchlüßen können, er habe in ſeinem Leben et= was von Neuton oder Maupertuis gehört. Alles was er that, war, daß er fragte: und wie geht es in dieſem Planeten zu, wenn man Todte begräbt? —

Man ſtopft ihnen den Bauch voll Eſſenzen und Kräuter, ſagte ich, wenn ſie in ihrem Leben reich oder vornehm genug dazu waren, um nach ihrem Tode nicht zu ſtinken. —

Und wenn ſie das nicht waren? —

So läßt man ſie ſtinken. —

Ihr müßt wunderliche Leute in dem Planeten ſeyn, ſagte der Mann. Wir halten dafür, ein Leichnam ſtinke für ſich, ſobald er von uns abgeſondert wird, und unter einem Hügel ſchläft, und daraus ſchlüße ich, er werde auch für ſich gut riechen, wofern Ihr ihn anders nicht mehr in Eurer Geſellſchaft dul= det. —

Wenn er einbalſamirt und wohlriechend gemacht iſt, wird er in Seide gewickelt, in einen vergoldeten Kaſten gelegt, und dem Volke beym Schein von tau= ſend Wachslichtern gezeigt. —

Vermuthlich um daſſelbe zu erinnern, er ſey auch ſterblich geweſen? —

Nein!

Nein! wofür sehen Sie uns an? daran denkt
niemand gern. —

An dem Kasten stehen Weiber, welche schwarz und
weis gekleidet sind, und dafür bezahlet werden, daß
sie heulen müssen. —

Der Mondbürger schüttelte den Kopf. —

Wenn du erst wüßtest, dachte ich, für was alles
die guten Leute unterm Mond bezahlet werden, du
würdest noch mehr schütteln! —

Nach einigen Tagen trägt oder fährt man den
Todten in einen Tempel. —

In einen Tempel? unterbrach mir der lunari-
sche Dummkopf; — denn das war er, wofern ich
die Gedanken einiger meiner Leser errathe. —

Ja, sagte ich, in einen Tempel. Da wird er neben den Altar gesetzet, und man hält eine Rede über
dem Kasten. —

Das finde ich nicht übel! Aber, sagen Sie mir,
wer hält diese Rede? Vermuthlich sein liebster
Freund? —

Wozu gerade der? sagte ich. —

Ey nun! ich vermuthe, daß dieser den Verstorbenen am besten gekannt hat, und daß er also die
Wahrheit besser wird sagen können, als ein anderer. —

Meynen Sie der Redner werde gerade dafür bezahlt, daß er die Wahrheit sagen soll? —

Ihr bezahlt den Redner? —

Was anders? Glauben Sie etwan, man lobe auf
unserm Planeten um nichts? —

H 3   Wenn

Wenn das ist, so wundere ich mich über nichts
mehr, was Sie mir auch noch von demselben sagen
können. Der Redner muß also den Verstorbenen
ohnfehlbar loben? —

Was soll er denn thun? —

Und von seinen Fehlern darf er nichts sagen? —

Behüte der Himmel! Wir haben ein Sprüchwort,
das heißt: de mortuis nil nisi bene. —

Ein Mann kann also alles seyn, was ihm beliebt,
so lange er lebt, und nach seinem Tode sind alle Ver-
brechen oder Fehltritte, oder Narrheiten, oder Mängel vergessen, wofern er dergleichen begieng, oder an
sich trug? —

Wer sagt das? Er darf deren so wenig begehen
und an sich tragen, daß wir sogar von tausend und
mehr Jahren her wissen, welcher Bösewicht bey seinem Leben ein Bösewicht war. —

So begreife ich nicht, warum ihr zugleich so
wunderlich seyd, und einen Mann einige Tage nach
seinem Ableben loben lasset, den ihr und eure
Nachkommenschaft nach Jahrhunderten noch einen
Narrn oder Bösewicht nennet? —

Unter uns, mein Herr, ich begreife das selbst
nicht; aber es ist doch einmal so. —

Wenn der Redner fertig ist, wird der Leichnam in
eine Gruft im Tempel hinabgelassen. —

Und da bleibt er? —

Allerdings? der Leichnam eines Reichen oder vor-
nehmen Erdbewohners gehört in den Tempel, oder
wenigstens in eine Capelle, oder, wo dazu nicht
Platz oder Gelegenheit ist, unter ein kostbares Monument

nument, das über dem Grabe aufgerichtet wird, und sein Andenken verewiget. —

Und wozu das?

Sie sind wunderlich! damit die Nachwelt wisse, wer er war, — was seine Tugenden —

Wer er aber nicht tugendhaft war — und der Fall ist doch wohl bey euch möglich: — setzt ihr ihm denn auch ein Monument? —

Freylich! —

Und dieses ist unpartheyischer, als der Redner? —

Es ist — es ist — Nun, die Erben des Verstorbenen werden ihn doch nicht beschimpfen sollen? —

Ihr müßt auf eurem Planeten verwirrt seyn, oder ich bin es. —

Sagen Sie das nicht, mein Herr, unser Planet ist besser als der Ihrige. —

Woher wissen Sie das? —

Weil unsre Philosophen und Dichter das sagen. —

Ich habe nicht die Ehre gehabt, einen dieser Herren hier zu sehen. —

Daran liegt nichts. —

Und was sagen sie denn von unserm Planeten? —

Daß er beym Endymion geschlafen habe; daß er sehr feucht und kalt sey; daß seine Einwohner um nichts besser wären, als er; daß er lange lange Nächte habe; daß er den unsrigen drücke, und seine Meere bewege; daß er viel kleiner als dieser, und sein Trabant sey. Daß — kurz, er taugt nichts, Ihr Planet, denn unsre Hunde bellen ihn so gar an. —

Ich

Ich begreife nicht welche am närrischsten seyn müssen, eure Hunde, eure Philosophen, oder eure Dichter. —

Ich vergebe Ihnen dieses; denn Sie wissen viel, was ein Philosoph alles verstehet. —

Und was versteht er? —

Er versteht die große Kunst von alle dem zu räsonniren, was jenseit seinem Gesichtskreis liegt. —

Das ist mir sehr dunkel. —

Das kommt daher, weil Sie in einem Planeten gebohren sind, in welchem es keine Logik und keine Metaphysik giebt. —

Woher wissen Sie das? —

Daher, weil ihr immer die Wahrheit reden wollt, und weil man bey euch alles umsonst thut und umsonst erhält. —

Wir werden nicht klug aus einander, sagte der Mondbürger, und gieng seines Weges. —

Der Einwurf.

„Aber, uns dünkt, Herr Autor, Sie hätten uns „die Geschichte des Mägdchens und des guten „Herrn, schon mündlich erzählet, und sie sey in..... „wirklich —"

Ja, meine Freunde; das hab' ich, und die Geschichte ist wahr. —

„Wie versetzen Sie denn den Schauplatz in den „Mond? —"

Sie

Sie ist in der That eine Ehre für das verachtete
große Ey, auf dem wir wohnen, und ich berufe
mich also auf Sie, daß dasselbe wirklich besser sey,
als man insgemein glaubt. Gewisse Sonderlinge
würden mich für einen Mährchenerzähler gehalten
haben, wenn ich unsern Planeten zum Schauplatz
meiner kleinen Geschichte gewählet hätte. Ueber
demselben lassen sie sie paßiren, dacht' ich, und er-
zählte getrost, bis hieher, damit ich ungestört erzählen könnte. Itzt mögen sie glauben was ihnen beliebt; genug ich habe meine Absicht erreicht, und es
ist meine Schuld nicht, wenn diese arme Erde noch
immer für den Auswurf aller erschaffenen Kugeln
von diesen Herrn gehalten wird.

Die Erde. Das Schellengeläute. Die Toleranz.

„Sind wir schon wieder unterm Mond? —"

Ja, liebe Herren, das sind wir, und was ich Ihnen auch von dem Mond erzählen könnte; — denn
ich habe noch allerley Raritäten, und seltsame unsern Gebräuchen ganz entgegengesetzte Dinge, dort
oben gesehen, — so möchten einige unter Ihnen
das doch nur für Satyren auf unsre Erde halten,
und, in der That! sie ist doch auch gut, wenn wir
nur mit ihr zufrieden seyn wollen. Ich wenigstens
glaube gewissen gall'ichtigen schielenden Philosophen
nicht, welche den armen Erdesöhnen und Erdetöch-
tern nur deshalb gram sind, weil hin und wieder

ein

ein armer unglücklicher bedaurenswürdiger Narr mit
unter läuft, deſſen muſikaliſcher Geſchmack von dem
ihrigen ein wenig abgeht, und welcher mit ſeinen eigenen Schellen ein geringes Getöne macht.
Soll man ſich um einiger Wenigen willen, die eine
kleine Disharmonie mit den übrigen machen —
und dadurch ſelbſt ſchon geſtraft genug ſind; —
gleich an alle halten, und den ganzen Planeten,
nebſt allem, was Athem darauf ſchöpft und ſich ſeines Daſeyns freuet, anathematiſiren? Ich habe
das feſte Vertrauen zu den meiſten unter Ihnen, daß
ſie tolerante Unchriſten ſind, wie ich und alle einfältige Nachfolger desjenigen, deſſen erhabene Sitten-
lehre, Nachſicht, und Ergebung fordert.

Der Tragriemen. Liſabon. Ein paar Semmeln. Der Irrthum. Bemooste Schädel. Die Geſpenſterlehre.

Das iſt ein elendes Fuhrwerk! ſagte mein Freund,
der ſich und ſeine Frau, ſeine ganze Nach-
kommenſchaft und Hausgeſinde, nebſt mir in einen
großen altväteriſchen Reiſekaſten eingepfropfet hatte,
und 39 lange Meilen den Weg — und ſeinen Einfall zu reiſen — verwünſchete. —

„Wenn geſchah das, Herr Verfaſſer? —“

Nach meiner Zurückkunft aus dem Monde. Dieſer Theil meiner Reiſen fällt mir gerade hier ein,
und ich erzähle ihn alſo außer aller Ordnung, ſo
wie

wie ich es mehrmals noch zu thun hoffe, — Sie
sollen mir nicht auf das Fahrgleis gucken, liebe Herren, das hab ich ja schon ausbedungen. —

Das ist ein elendes Fuhrwerk, sagte er, so wahr
ich lebe, und dies meine letzte Reise seyn soll! denn
ich bin um einen halben Centner leichter als da ich
mich einsetzte. —

Der helle Schweis lief dem armen Mann die Ba-
cken herab. —

Das ist es! seufzete seine Frau, und rieb ihre
Schläfe; denn der Wagen that einen gewaltigen
Schlag. —

Ach du lieber Gott! das ist es! schrie seine Tochter. Meine Kappe ist ganz zerstaucht. —

Das ist es, quikten zwey kleine Buben, und suchten ihre Semmeln auf dem Kutschboden, und rann-
ten die Köpfe gegen einander. —

Das ist es, brummte die alte Amme, und wollte die Knaben still machen. —

Das ist es, sagte ich, und dachte, es ist eine
Narrheit, daß DU das sagest, da du weder ein dicker
Mann bist, noch dich an deine Schläfe gestoßen hast,
noch deine Kappe zerstaucht ist, noch du deine Sem=
meln auf den Kutschboden suchen mußt, noch gegen einen Kopf gerennet, noch eine alte Amme
bist. —

„Sieben Menschen in einem Wagen? —“

Ja, genau 7. meine Herren. Der Kasten war
groß, und wir ordneten uns, so gut wir konnten.
Wer läugnet es, daß wir sehr unbequem saßen? —

„Das

„Das ist unmöglich! 7 Menschen in einem Wa-
„gen? Das muß eine Landkutsche gewesen seyn?—"

Und wenn es die nun gewesen wäre? Ist dieser
Umstand etwas beträchtliches? aber, liebe Herren,
es giebt Philosophen, die die allermöglichsten Dinge
deswegen für unmöglich halten, weil — sie sie
für unmöglich halten, und die darum lieber die
Sündfluth gerade weg läugnen, weil es ihnen nicht
beliebt zu begreifen, Noahs Kasten habe groß und ge-
räumig genug seyn können, seine Familie und so viel
Thierarten, nebst ihren Portionen und Rationen zu
fassen. Eine hübsche Gattung von Philosophen! —
Acht Uhr schlug meines Freundes Repetiruhr;
es regnete mildiglich, und die Nacht lag stockfinster
auf dem Erdboden.

Der Postillon stieg ab, und suchte die Geleise mit
den Händen. Langsam bewegte sich der Wagen,
und das Grauen der Nacht erschütterte die Einbildungskraft der Damen doppelt, als der Postillon
auf einmal rief: Heysa! nun ist's gut; wir sind am
Galgen, itzt weiß ich den Weg schon.

Unter großem Mißbehagen der Damen knallte die
Peitsche des Postillons, die Pferde zogen auf einmal
an, und — der Tragriemen riß mitten voneinan-
der. Ganz ohnfehlbar waren die Gruppen tragisch
genug, als hie eine Thurmspitze, da ein Pallast, dort
ein Haus, hier ein Gewölbe über den Häuptern der
armen unglücklichen Einwohner von Lisabon zusammen stürzete; aber keinem einzigen kam dieser schau-
dernde Zufall unerwarteter, oder zu ungelegenerer
Zeit, als den Einwohnern des Reisekastens, der Riß
des

des Trigriemens, und keiner von allen Stößen des
Erdbebens war entsetzlicher als der Fall des Kaſ
ſtens.

Hilf uns, Himmel! ſtöhnete mein Freund, der
unter der Laſt der Körper aller Mitreiſenden, welche
auf ihm lagen, das Ende aller ſeiner Reiſen auf die
ſer Kugel mit möglichſter Standhaftigkeit und phi
loſophiſcher Ergebenheit erwartete. ——

Ich bin tod! ſchrie ſeine Frau, und wiederholete
das: ich bin tod, ſo oft, daß ſie endlich ſelbſt daran
zweifelte, ſie ſey tod. ——

Mamma! liebe Mamma! jammerte die Tochter,
ſie traten mir die Robberonde entzwey, und mein
Hirnſchädel iſt mitten von einander. ——

Die zwey kleinen Knaben ſchrien wie vier Meer
katzen, die Amme betete ohne Unterſchied, was ihr
zuerſt einfiel, und ich ſtieg zum Glasfenſter, das zu
oberſt lag, heraus; denn ich lag auf den übrigen
Körpern in möglichſter Bequemlichkeit. ——

Schwager, Schwager! rief ich, herbey! die noch
im Wagen ſind, ſind alle des Todes. ——

Der Poſtillon ſtand mir bey, und in kurzen lade
ten wir eins nach dem andern glücklich aus, und ſetzten
die Dame und die Kinder in den Fahrweg unter dem
Galgen.

Die Damen rangen die Hände, mein Freund
ſchwitzte große Tropfen, und ſagte: Gott Lob! die
ſe Laſt wär meiner Weltweißheit bald zu ſchwer wor
den. Er wadete durch den Fahrweg, und befühlte
im Finſtern die naſſen und beregneten Naſen der Ge
ſellſchaft. ——

Giſt

Bist du geborgen, mein Kind? sagte er, und küßte die Amme herzlich.

Die Amme betete, und der Kuß ihres Herrn entriß sie ihrer Entzückung. — Ich bin ja die Amme! sagte sie züchtiglich. Ach der verfluchte Galgen! da spüken die Diebe, und mein armer Herr ist schon stockblind von des Teufels — Gott sey bey uns! — Gaukeleyen und Larvenspiel. —

Bey dem Wort spüken erhoben die Kinder ein erbärmliches Geheul, die Damen fleheten uns, sie nicht zu verlassen, mein Freund schnappte nach der Luft, ich lachte, und der Postillon fluchte, und bemühete sich vergeblich den Reisekasten nur so lange zu befestigen, daß wir das nächste Städtchen erreichen möchten.

Aus voller Seele verwünschte er sich und seine Pferde und den Kasten, als etwas über uns wegbrausete. Ein einsamer Nachtvogel, sas auf einem der bemoosten Schädel welche auf den Rädern standen, und ehedem die Behältnisse mancher lustigen, mancher erträglichen, und mancher unausstehlichen Tollheiten gewesen waren, itzt aber weder mehr noch weniger von den Schädeln ehemaliger Weisen unterschieden waren, als eine zerbrochene Eyerschale von der andern. Das laute Gebet der Amme, die unschuldige Galanterie ihres Herrn, und das heidnische Fluchen des Postillons störete wahrscheinlich den Nachtvogel in seinen Meditationen. Er flatterte verscheucht und unmuthsvoll über der Gesellschaft hin, und rauschte — je nachdem die Seelen derselben

ben geſtimmt waren — Verzweiflung, Angſt und
Andacht ꝛc. in dieſelben hinein.

Die Pferde brauſeten und ſprützeten den Koth um
ſich her, die Amme und die Damen intonirten ein
Sterbelied, die kleinen Buben ſchmiegten ſich mit
Empfindung der Todesangſt ſtumm an ihre Wärte=
rin, mein Freund, ein beſſerer Philoſoph als viel=
leicht irgend einer, der auf dieſen ſchönen Titul An=
ſpruch macht, philoſophirte über die Rockenphiloſo=
phie und die Geſpenſterlehre gründlich und erbaulich,
der Poſtillon hieb ſeine Pferde zuſammen, und citire=
te alle Legionen der Hölle, und ich verwünſchte den
Fahrweg, den Wagen, den Nachtvogel, die unge=
dultigen Pferde und die Rockenphiloſophie, nebſt al=
len Diebesſchädeln, Galgen und Geſpenſtern in die
Hölle, uns alle aber wünſchte ich in Elyſium, oder
doch wenigſtens in — ein Wirthshaus. —

Zwey kalte finſtere naſſe furchtbare Stunden, wa=
ren über unſern und der Pferde Köpfen langſam da=
hin geſchlichen, als der Poſtillon endlich auf den
ſehr natürlichen und klugen Einfall gerieth, ein
Quentchen Menſchenverſtand ſey bey ſolchen Gele=
genheiten immer beſſer und brauchbarer, als das
Gebet einer Amme, die gegründeteſten Spekulationen
der Weltweißheit, die furchtſame Andacht einiger Da=
men, und die kalte bequemliche Unthätigkeit eines
Mannes, der ſich alles ſo ziemlich gefallen läßt.

Ich will ins Städchen reiten, ſagte er, und
ſchnallte ein Pferd los. Da, ihr Herren, bleibt
bey den andern Pferden. —

Ach bleiben Sie bey uns, schrien die Damen, und gehn sie nicht hin an den Wagen! —

Mein Freund blieb bey ihnen, und ich hielt die Pferde, bis der Postillon mit einer Laterne und einigen Leuten zu Hülfe kam.

Itzt beleuchteten wir die Gesellschaft, und ich wünschte nicht so sehr, endlich zur Ruhe zu kommen, als Hogarths Talent zu besitzen, den grotesken Ausdruck von Andacht, von Jammer, von Hofnung, von Freude und von Schmutz zu treffen, der sich auf den Gesichtern der Frauenzimmer zeigete.

Der Wagen ward so gut als möglich befestiget, die Damen stiegen ein, ich wandelte nebst meinem Freund neben her, und sprachen ihnen Trost zu, bis wir das Ende aller unserer Leiden, das Städtchen und ein Wirthshaus erreichten.

Die Kirmesse. Eine elende Skizze.

Nie habe ich eine kurze oder eine lange Reise, bey Tag oder bey Nacht, im Sonnenschein oder im Regen oder unter einem Donnerwetter, oder unter Schneeflocken, zu Pferd oder zu Fuß, in einem verdeckten oder offenen Wagen, in guter oder böser, oder mittelmäßiger Gesellschaft, oder — welches nicht immer das schlimmste ist, — ganz allein gemacht; wo ich nicht eher alle mein Reisegeräth, als die Freudigkeit des Herzens zu Hause gelassen hätte. Und warlich! ich begreife es nicht, wie ein Mann nur

Durch

durch seine Stube reisen kann, ohne die allerschlech-
testen von allen Gesellschaften, den finstern Gram
und die lange Weile zum wenigsten eine Station
hinter sich zu lassen.

Nicht jedem Biedermann' steht die weite Welt so
offen, als Milord Anson oder Columb, oder irgend
einem irrenden Ritter trauriger oder lustiger Gestalt.
Nicht jeder, der durch dies Leben reiset, hat die Erlaubniß oder das Vermögen, rund um diese Erde
herum zu schwimmen, oder auf einer Rosinante zu
stolpern, und durch die mannichfaltigsten Zerstreuun-
gen und Ebentheuer, durch das immer fremde und
immer neue sich frappiren zu lassen, und darüber seinen Jammer zu vergessen. Oft wird der geschäf-
tigste, der neugierigste Geist zwischen vier Wände
eingesperret, und dann ist Gram und Verdruß sein
Antheil, wofern er sich nicht daran gewöhnet hat,
die Freude allenthalben zu finden. Fern sey von
mir, daß ich jemals dazu verdammt seyn sollte, in
irgend einer Bastille auf Gottes Erdboden den Versuch zu machen, ob sie auch da wohne? Aber dies
hoffe ich mit der stärksten Zuversicht, daß ich sie
auch im unverdienten Kerker suchen würde. Wofern nur ein Loch in der Decke den kleinsten Sonnenstral hindurch schlüpfen ließ, so wollt ich Tage
lang mit unverwandtem Auge in den Sonnenstral
schauen, die Stäubchen tanzen sehen, mir einzubilden
suchen, sie tanzten für Freude über ihr Daseyn, und
mich mit ihnen freuen. — Nennen Sie das nicht
Grille, meine Herren. Ich weiß es so gut als Sie,

J   der

der Versuch, so zu abstrahiren, würde nicht der leich-
teste seyn; aber ich weiß auch, daß thörichtere und
schädlichere durch die Gehirne der Sterblichen gegangen, ausgebrütet, und — was das schlimmste
ist! — nicht mißlungen sind. — Glauben Sie
mir, wär mein Individuum auf immer von allen
frölichen Auftritten des Lebens, in ein einsames Zimmer, auf irgend einem kahlen, wüsten, grauenvol-
len verwünschten Bergschloß ohne Hofnung verban-
net, und säh ich nie den mitleidigen Blick eines
Freundes, nie den sanften einer zärtlichen Freundin,
nie den uninteressantesten eines vernünftigen Ge-
schöpfes meiner Art, so wollt' ich — ja gewiß ich
würd' es! — des Tages über an jeder Fliege Glück
meinen Antheil nehmen. Ich wollte mit ihr umge-
hen, sie an mich gewöhnen, ihre Gedanken ausspä-
hen, und erforschen was sie sich dabey dächte, wenn
sie 50 mal mit ihren beyden Vorderfüßen über ihre
tausend Augen hinweg streicht, und mitten in der
unwahrscheinlichen Contemplation von irgend einer
tändelnden epikurischen Gespielin gestöret wird. Ich
wollte ihr wohlthun; — denn so arm und elend
ist doch wohl kein menschliches Geschöpf; auch das
ärmste und elendeste nicht, daß es nicht immer Vermögen und freyen Willen genug behalte, einer Fliege wohlzuthun? — Ich wollte dankbar seyn,
daß sie meine Einöde mit ihrem kleinen Gesang erfül-
lete, und manche schlaflose Nacht auf nichts denken,
als auf die Verschönerung ihres und meines kommenden Tages. Ich fordere jeden, der den Wirth
der Freyheit in irgend einem Kerker hat fühlen und
schätzen

schätzen lernen, und Herz genug hatte, von Tugend
und Unschuld unterstützt, an dem Arm der Vorsehung nicht zu verzweifeln, die auch für das Glück
des Wurms gesorget hat, ich fordre ihn auf, meinen Entwurf lächerlich zu nennen.   Ich bin auf
das festeste überzeugt, er wird denselben mit seinen
Erfahrungen vollkommen übereintreffend und süß finden.   Für den Unglücklichen, der auch in der lär-
mendsten Freyheit jähnt, und über lange Weile seuf-
zet, der sein leeres Gehirn und empfindungsloses
Herz durch Grotten, Palläste, lachende Cabinette,
durch Bälle, Opern, Concerte, durch Jagden und
alle Erfindungen der gezwungenen Freude trägt,
und nie Beruhigung, nie das findet, was er auf dem
unsichersten Wege suchet, — für diesen schreibe ich
dies Kapitel nicht, und ich — beklage ihn! —*)

An einem schönen Herbstmorgen verließ ich meine
gewöhnliche Gesellschaft, ein Windspiel, einen Staar,
einen Canarienvogel und einige hundert fromme
gutmüthige Fliegen, nachdem ich für den Unterhalt
eines jeden gesorget hatte, und gieng voll des tiefsten Friedens auf ein benachbartes Dorf.

Gesang und Fröhlichkeit lachte mir über die Zäune
und unter hohen Ulmen entgegen.   Eine ländliche
männliche und unzärtliche Musik klang dumpfend
von fern und lockte mich näher.

J 2   Ich

*) Das übrige des Diebstahls vid. Yoricks Gefange-
nen.

‹ Ich fand das muntere Volk unter einer hohen al‐
ten Linde versammlet: Die Alten saßen abgesondert,
tranken braunes Bier, und unterredeten sich lebhaft
vom Mißjahr, von ihrer gnädigen Landesherrschaft,
vom Erlaß der Steuerreste und Gefälle, vom Wilds
fraß und von der zukünftigen bösen Zeit. Die äl‐
tern derer Weiber streichelten ihre kleinen Enkel und
stopften sie mit Semmeln und hartem Schinken voll,
oder legten die Streitigkeiten der kleinen sich balgens
den Teutonen durch Sanftmuth, und, in der letzten
Instanz, durch Kopfstöße bey: Die nervigten Jüng‐
linge jauchzten und stampften den Boden nach dem
Geschwirr einer bebänderten Leyer und einiger ver‐
stimmten Geigen und Bässe, schwenkten die roth‐
wangigten ungriechischen Dirnen unter der Linde her‐
um, hoben die Mägdchen hoch und schielten schlau
gerade dahin, wohin ihre Großväter zu ihrer Zeit
schieleten, — dahin, wohin der gesittetere Bewoh‐
ner der Städte seinen Blick richtet, wenn er —
nicht etwan mit seiner lieben Frau oder mit seiner
50 jährigen Tante tanzet, und —

‹ Ob Blicke von der Art unter die verbotenen ge‐
hören? —

› Darüber will ich Ihnen Madam, oder Ihnen,
mein Herr, meine Meynung aufrichtig entdecken, so‐
bald Sie mir unwidersprechlich werden bewiesen
haben, daß Sie hier, keiner derer Philosophen
sind, deren Moral allenthalben, nur in ihren eige‐
nen vier Wänden nicht, — umher duftet; und
daß Sie dort, wenigstens ihr zehntes Lustrum schon
hinter sich sehen, ohne, vom dritten an, bis hieher,
irgend

irgend einer Dame einen der obbesagten Blicke miß-
gegönnet zu haben; denn es muß Ihnen nun kein'
Geheimniß mehr seyn, daß ich gegen keine Erschei-
nung weniger Achtung hege, als gegen die Grimassen einiger Damen und einiger Philosophen.

Die kleinen Germanierinnen, zu gefühlvoll und
zu stolz, mit Knaben ihres Alters zu tanzen, und zu
unbeträchtlich, sich in die fröhlichen Reyhen der äl-
tern Jugend mischen zu dürfen, machten ein Chor
für sich aus, und sprangen, ohne Tackt und freu-
denvoll, außerhalb der umzäunten Linde, bekränzt
im lachenden Kreise herum.

Voll Entzücken über die ungekünstelten Vergnü-
gungen und Erholungen des glücklichen Landvolks
stand ich da, und einer der ansehnlichsten Greise lud
mich mit deutscher offenherziger Beredsamkeit ein,
Theil daran zu nehmen. Ich folgte ihm; er ergriff
mich mit seiner rauhen festen Hand, führte mich in
den Reyhen und gab mir seiner Tochter Hand. —

Ich kann nicht tanzen guter Vater, sagte ich; ich
kann nicht; denn ich habe die Schwindsucht. —

Das Mägdchen sah mich lächlend und zweifelhaft
an. Ihr Busen hob sich halb stolz halb erwartend;
sie hielt meine Hand fest, strich mit der andern
Stäubchen von ihrem Mieder, die nicht da waren,
und doch da seyn sollten, durchlief mit einem schnel-
len Blick den ganzen Kreis, und gab dann ihrem
Auge die richtigste Directionslinie auf den Theil
meines Körpers, den eine Tänzerin, nach allen Regeln der Kunst, geben muß. Das heißt: sie sah
mir in die Augen, aber nicht frech, sondern so, wie

J 3   ein

ein Mägdchen, das noch nicht weiß, was ein Gre-
nadierblick in den Augen einer Mannsperson iſt, den
Tänzer anſiehet. —

Ey! das iſt doch immer auch Schade, um einen
ſolchen jungen Herrn! ſagte der Alte. — Das
iſt Schade, ſagten die Augen des Mägdchens. —
Das iſt recht, ſagten die Naſen aller übrigen Mägdchen. —

Ich ſeufzete, daß — ich gelogen hatte; denn
meine Schwindſucht war eben ſo wenig da, als die
Stäubchen auf des Mägdchens Mieder, und meine
Lüge war ſchuld dran, daß der ehrliche Alte umſonſt
mitleidig geweſen war. Es verdroß mich auf mich
ſelbſt; aber ich konnte mir nicht helfen. —

Ich konnte anders tanzen, Herr, ſagte der Greis,
und ſtellte ſein rechtes Bein auf den Abſatz ſeines
Schuhes, und beugte ſeine beyden Knie, wie einer
der einen großen Sprung wagen will, und vor der
Gefahr erſchrickt. Das Mägdchen trippelte, und
ſah ungeduldig nach den Geigen hin. —

Herr, ſagte der Alte, und behielt ſeine Stellung
und wiegete ſeinen Körper auf den gebogenen Knien,
alle die Jungen da, tanzen wie die Kälber. Er hätte mich ſollen tanzen ſehen! Pump war ich über das
Mägdchen weg, ehe es ſich verſah. —

Ich glaube es, lieber Vater; aber ich habe es nie
gekonnt; ſagte ich, und gab des Mägdchens Hand
einem Jüngling der neben ihr ſtand, und mich halb
eiferſüchtig halb beträchtlich anſah, als wollte er ſagen: ich weiß ſelber nicht, ob ich es gern ſehen ſoll,

daß

daß ein Herr aus der Stadt meiner Braut die Ehre anthun will, mit ihr zu tanzen. ——

Er nahm des Mägdchens Hand, sehte seinen Hut, den er bis hieher bald unter seinem Kinn gehalten, bald auf den Daumen herumgedrehet hatte, kühn auf, nickte mir gutmüthig zu, und flog mit dem Mägdchen herum.

Das Mägdchen sah aus, wie die bescheidene Betrübniß.

. Der Jüngling wollte sich sehen lassen, und hob die Dirne kraftvoll empor, und ich freuete mich, daß ich beyder Gedanken errieth.

Auf einmal wurde die Musik lebhafter, die Jugend tanzte rascher, und die Alten erhuben sich und entblößten ihre Häupter ehrerbietig. Ich sah mich um und ein Unbekannter von hohem Ansehen stand am Eingang der Verzäunung.

Das ist auch einer, dachte ich, der die Freude sucht, wo man sie am leichtesten finden kann, und näherte mich ihm. Ich sah ein Creuz vor seiner Brust, und erfuhr von ihm, er sey der Herr des Dorfs, und ein angesehener Officier. Er hatte die Residenz und ihre steifen erkünstelten rauschenden Zeitvertreibe verlassen, um auf dem Lande neue Kräfte zu sammlen.

Der Mann war ein Weiser. Die Freude ist allenthalben, sagte er, auch da, wo sie sich der Murrkopf, der Eigensinnige, und der verzärtelte vergoldete Thor wegträumt. Allenthalben ist sie. Am Hofe nicht weniger als hier. Es kommt nur auf uns an, ob wie sie allenthalben genüßen wollen

J 4   oder

oder können, und dies ist keine alltägliche Kunst,
so unentbehrlich sie auch ist. ——

Sie haben Recht, sagt ich; allein ein Mann von
Ihrer Art wird von tausend Wohlständen — wenn
ich so sagen darf, — verhindert, an jeder Freude
Theil zu nehmen. ——

Wie das? sagte er. ——

Daß der Weise, sprach ich, am Ball des Hofs so
gut Geschmack finden kann, als am kunstlosen Tanz
des Landvolks, das weiß ich; allein für eine gewisse
Art von Leuten sind Zeitvertreibe, wie dieser hier,
eigentlich nicht schicklich. Wenigstens können sie
sie nur halb, so wie wir itzt, genüßen. Würden
Sie zum Beyspiel mit einem dieser gesunden und
ehrlichen Mägdchen tanzen dürfen, oder es wollen?
und wird sie Ihr Creuz und Ihr Dekret nicht ab-
halten? ——

Im geringsten nicht, sagte er. Sie sollen es
gleich sehen.

Er tanzte mit dem nächsten Mägdchen einen kurzen deutschen Tanz, und gab die Hand des Mägdchens dem nächsten Jüngling.

Ich sah ihm nicht ohne Verwunderung zu. Er
tanzte wie Deutschlands Helden zu Herrmanns Zeiten. ——

Wundern Sie sich, sagte er, daß ich mein Wort
gehalten habe? ——

Allerdings, denn ich suchte unter diesem Aufzug,
und hinter diesem Creuz keinesweges so viel gesunde
Philosophie. Ich bin aufrichtig, Sie müssen mir
vergeben. ——

Wenn

Wenn sie nicht allgemein ist, sagte er, so sollten Sie doch nicht glauben, daß sie gar nicht anzutreffen wäre? —

Nun, freylich wohl! Im Grunde ist jeder Mann ein Mann, und jedes Mägdchen ein Mägdchen, und worinnen besteht der wesentliche Unterschied, nach Abzug des Racks, des Tituls, der Robbe und der Geburt, welches alles sehr zufällig ist? —

Im Ganzen haben Sie Recht, sagte er; aber dies sind allgemeine Sätze, die dennoch, (so wahr sie auch sind, und so gewiß sie sich allenthalben anwenden lassen, wenn die Rede rein vom Menschen ist,) unter einigen Umständen dem einmal hergebrachten Gebrauch, und gewissen andern nicht ganz unbeträchtlichen Betrachtungen weichen müssen. Ein richtiger Abstand zwischen jedem Stand muß immer, der guten Ordnung halber, — deren Festsetzung in der That nicht wenig gekostet hat, — beybehalten werden, und die Ausnahmen davon dürfen nicht anders Statt finden, als unter der Bedingung, daß durch dieselben nicht das kleinste Rädchen aufgehalten wird. Alles kommt auf die behutsame Erwägung der Zeit, des Orts und der Umstände an. Wollte ich, zum Beyspiel, bey Hof mit einem dieser Mägdchen, welche sich von ohngefehr des Zuschauens halber dort einfinden könnte, so wie wir hier, tanzen: so würde ich so gut ein närrischer Sonderling und ein abgeschmackter Stöhrer seyn, als ich hier albern handeln würde, wenn ich mich weigerte zu tanzen. Ich kenne meine Unterthanen,

J 5   und

und sie mich, und ich hoffe, sie sind glücklich. Ohne daß ich dem Abstand etwas vergebe, der zwischen mir und ihnen seyn muß, lieben sie mich, das weiß ich, deshalb nicht weniger, weil ich ihr Herr bin, und ehren mich dennoch, ob ich gleich mit ihren Töchtern tanze. —

Gut, sagte ich; dies alles ist schön und wahr; aber ich sehe dennoch nicht, wie Sie sich gegen mich entschuldigen wollten, wenn ich eine von denen Damen oder einer derer Herren wäre, die von Band und Stern, von Titul, Geburt und Rang alle mögliche hohe Begriffe, von der Würde der Menschheit aber gar keine oder doch sehr verkehrte haben? —

Sehr leicht wollt' ich mich entschuldigen, sagte er. —

Und wie? —

Ich würde Sie fragen, ob sich der Fürst zu tief erniedrige, wenn er sich herab lasse, und auf der Redoute mit den Töchtern seiner Unterthanen tanze; oder warum es Damen vom höchsten Range erlaubt sey, bey einer solchen Gelegenheit die Aufforderung eines geringen Bürgers anzunehmen? —

Auf Redouten ist es ein anderer Fall, sagte ich. —

Und wie so? —

Die Freyheit der Maske macht alles gleich. — Am Ende ist es doch aber immer ausgemacht, daß die Gesellschaft vermischt ist, daß jeder das weiß, und daß dennoch hiedurch der Rang nicht aufgehoben wird?

Wenn das nun ist, und der Fürst dadurch sich nicht erniedriget, so ist mirs im kleinern auch erlaubt.

laubt. Ich bin hier Herr. Es kommt auf mich
an, in welchem Rock ich tanze und meine Unterthanen springen lassen will. Ich gebe die Kosten zu
diesem Ball, und tanze auf demselben, weil er mein
eigner ist. Was haben Sie hiewieder einzuwenden? —

Nichts, gar nichts, sagte ich. Aber, wie nun,
wenn hieraus wieder einer der Stubenphilosophen,
denen nichts recht ist, und die so gern das Ansehen
haben möchten, als wären sie gebohrne Censoren der
Welt, die sie nur aus dem Buche kennen, abstra-
hirte: es scheine, ein Bürger oder Bauer müsse
durchaus weniger als ein Mensch, das heißt, entweder ein Arlekin, oder ein Pierot, oder ein Domi-
no, oder Pantalon, oder Fledermaus, oder Wald-
teufel seyn, um in solchen Fällen gleiche Rechte mit
dem Adel zu genüßen, und es sey wunderlich, daß
er dieser Ehre nicht viel eher deshalb gewürdiget
werde, weil er ein Menschenangesicht habe, als deshalb, weil er ein Stück Pappe oder Wachspappier
für dasselbe klebe, und es dadurch in das Angesicht
eines Narren oder Waldmanns verwandele? —

Das würde mehr ein lustiger und launischer Einfall seyn, als ein solcher, der hier entscheiden würde. Die Gebräuche der Menschen lächerlich zu
machen, dazu gehört überhaupt kein großes Genie.
Jeder derselben hat eine Seite, von der man ihm
leicht beykommen und ihn belachenswerth finden kann.
Ich hoffe, ich habe Ihnen bewiesen, daß, wenn Für-
sten sich zu Zeiten über den Zwang des einmal noth-
wen-

wendigen und nicht immer unnützen Vorurtheils
hinwegsetzen, sich zu ihrem Volk herablaſſen, ihre
Freude mit ihnen theilen, und sich selbst menſchlich
freuen, daß es froh ist, wenn es sich unter einem
fremden oder ungewöhnlichen Kleide seinem Herrn
bis auf dieſen Grad nähern darf; es mir auch erlaubt sey, und von den strengsten Richtern der Eti-
quette nicht verarget werden kann, wenn ich in meinem kleinern Kreiſe das nehmliche, am gehörigen
Ort, und unter den gehörigen Umständen thue. —

Ey! sagte ich, ich bedarf dieſes Beweiſes nicht.
Ich war vorher Ihrer Meynung, und Sie werden
sich erinnern, daß ich nur wiſſen wollte, wie Sie
Ihren Tanz hier gegen gewiſſe zärtliche, oder vielmehr ekele Leute vertheidigen wollten? —

Sie haben es gehört, sagte der Herr des Dorfs.
Ich freue mich, daß ich einen Mann finde, der die
Menschen um ihrer selbst willen schätzt, und dennoch nicht jedes Vorurtheil deswegen gleich verdam-
met oder lächerlich findet, weil es nicht genau in
den Plan des goldenen Alters passet. Meiner Meynung nach ist der eigensinnige Dichter, der alles in
den arkadiſchen Geschmack umschmelzen will, eben so
wenig klug oder nur erträglich, als es der eigensinnige Höfling ist, wenn er sich träumt, man habe
im goldenen Alter nur vegetirt, weil man von Dom-
präbenden und Ahnen nichts gewußt habe. —

In der besten Unterredung waren wir, als jedem
von uns schnell von hintenzu ein Kranz, oder vielmehr eine Kette von Blumen übergeworfen ward. Ein
Chor der schönsten Mägdchen schloß einen Reyhen,
und

und tanzten Hand in Hand im Cirkel um uns her.
Sittsam und mit Anmuth bewegte sich der jungfräu-
liche Cirkel, die Jünglinge hatten sich abgesondert,
und klatschten froh und männlich in die Hände, und
die Alten standen an der andern Seite und weinten
vor Freuden. Hoch hob sich die Brust der Mägdchen, und wenn ich nie eine entfernte Idee vom
Tanz der Grazien in meinem Gehirn hätte finden
können, so würd' ich es itzt gekonnt haben. —

„Grazien mit rothen Strümpfen und Miedern, mit
„groben spitzen Schuhen und braunen Händen?
„Herr Autor, was für eine Riesenmäßige Einbil-
„dungskraft müssen Sie haben, oder uns zutrauen!“

Ihnen meine Herren oder Damen, die Sie so
fragen können, traue ich in der That gar keine zu;
unterdessen glauben Sie mir, keiner derer Herren,
die immer in Gesellschaft der Huldgöttinnen sind,
hat je eine gesehen. Die Einbildungskraft thut
uns gute Dienste. Sehen wir ein artiges Mägdchen, so denken wir uns das beste der Huldgöttinnen hinzu, und mahlen uns das übrige nach bestem
Vermögen. Wir dichten uns in der Stille alles,
was Draperie heißt, weg, und — Sie errathen
den Rest unserer verwegenen und nicht immer un-
bestraften Phantasie. Denn — erlauben Sie mir
diese Verrätherey, liebe Mitbrüder, — die Huldgöttinnen rächen sich an demjenigen unter uns, der
so kühn ist, sie ohne Schleyer mit unheiligem Auge zu betrachten. — Was ich Ihnen von meinen Landmägdchen noch sagen will, ist dies, daß ich

nur

nur das Seelenvolle Auge einer jeden ansehen durf=
te, um mir, ohne mir Gewalt anzuthun, so viel ein=
zele Grazien zu schaffen als ich wollte. Sagen Sie
mir, was geht Ihnen meine Einbildungskraft an,
durch die ich glücklich bin? ——

Ich habe nie ein Geschöpf beneidet, daß ich müß=
te! aber diese Landleute und ihren guten Herrn be=
neidete ich von ganzem Herzen. Ich gestehe es
frey; es sey nun recht oder unrecht, und die Casui=
sten mögen nun alle ihre Brillen aufsetzen, und ent=
scheiden; ob dieser Neid mit der Moral bestehen kön=
ne oder nicht? Ihre Angelegenheit ist das räsonni=
ren; die meinige das empfinden.

Der Betteljunge, und der verdächtige Prediger der Toleranz und Menschenliebe.

Ich gieng an einem Abend, nach meiner Zurück=
kunft aus dem Planeten, dessen Bestimmung
zum Theil darinnen bestehet, daß er mancher Thor=
heit des unsrigen, und mancher Schwachheit die auf
demselben begangen wird, — sie geschehe auf dem
Thron, oder in einer Schafhürde, oder unter freyem
Himmel, beym armseligen nächtlichen Feuerchen an
irgend einem Zaun, oder in einem Caffeehause,
oder in einem Feldlager, oder in einem Laborato=
rio, oder an einer Toilette, oder allenthalben,
wo man eins anbringen kann, — leuchten
muß

muß, in tiefen Gedanken auf einem öffentlichen
Spaziergange.

Zwey Männer giengen vor mir hin, disputirten
heftig, und schlichen sich in eine Nische von Laub-
werk, um desto bequemer zu räsonniren, wie ich vermuthe.

Aus langer Weile — denn die hat auch wohl
ein Mann, der noch so viel mit sich selbst zu thun
hat, oder sich noch so gern mit sich selbst zu beschäf-
tigen pflegt, (ob gleich ein weiser Mann nie lange
Weile haben soll, wie einige weise Männer befeh-
ten,) — schlich ich ihnen nach, und verbarg mich
neben der Nische. —

Ihr Streit betraf den Türkenkrieg, und ich ver-
nahm deutlich, daß der eine von ihnen ein treuher-
ziger ehrlicher Feind der Muselmänner war, übri-
gens aber die ganze Welt liebte. Ein frommer Re-
ligionseifer, welcher freylich zu weit getrieben wurde, der aber, (wie ich in der Folge sahe, und meine
Leser hoffentlich auch sehen sollen,) im Grunde mehr
Aufwallung als Hartnäckigkeit und eingewurzeltes
System war, schien mir bald die Ursach zu seyn, um
welcher willen dieser Mann die Türken gern von den
Russen vertilget und von den Kosaken zu Mus ge-
hacket haben wollte.

Sein Gegner sprach wie die Toleranz selbst, und
Menschenliebe, Billigkeit, und Weißheit waren —
sein Drittes Wort.

Ich könnte in meinem Winkel nicht anders, als
den Mann lieben, von dessen Lippen ein so schöner
Enthusiasmus ströhmete. Ich würde in dem Augenblick

genblick um seinetwillen meinem härtesten Feind ver=
geben haben, wenn ich je so unglücklich gewesen wä=
re, einen Menschen zu kennen, von welchem ich
nichts anders als teuflischen unauslöschlichen Haß
zu gewarten gehabt hätte. Gott sey gelobt! ich
meyne nicht, daß ich es um ein Geschöpf verdient
habe, also gehasset zu werden. —

Sie dürfen die Türken nicht vertheidigen, sagte
der Feind derselben, ein kleiner kurzer untersetzter
Mann, auf dessen ehrliche Mine ich hätte schwören
wollen, ob ich ihm gleich nicht in das Gesicht sehen
konnte. Sein Ton war, mitten im Eifer, so bie=
dermännisch, daß ich ihn für eine gute Art von
Menschen halten mußte. —

Und warum nicht? — sagte sein Gegner lang=
sam sanft, und einigermaßen affectirt. So klang
sein Ton, als wenn er vor einem Spiegel stünd, und
das Maul spitzig machte, um einen einnehmenden
Ausdruck zu erkünsteln. — Auch dies Volk hat
Anspruch auf meine Achtung und auf mein Be=
dauern. —

Gehen Sie weg! sprach der Erstere; die Kerle sind
wollüstiger als die Karnickel, und haben sie nicht die
Kirchen in Constantinopel zu Pferdeställen gemacht?
Sie gehen in keine Kirche; sie haben keine Religion;
sie vergießen Christenblut; sie haben immer die Pest,
und schleppen sie zu uns herüber; — sie sind kurz=
um unflätige garstige böse Kerle. Wer sie nicht
haßt, der ist auch kein Christ; denn wir beten ja in
der Kirche, daß sie in die Grube gestürzt und vertil=
get werden sollen. —

Dies

Dies Gebet, sagte der Menschenfreund, macht uns
viel Ehre! —

So? Sie werden wohl besser wissen wollen, wie
man beten muß, als Doctor Luther? —

Ich weiß sehr gut, wie viel wir diesem vortreffli=
chen Mann schuldig sind, und wie ehrwürdig er in
aller Betrachtung ist. Allein ich weiß auch, daß
wir in der Kirche beten; unsern Feinden vergeben
und sie bekehren. Wenn aber auch Doctor Luther
oder irgend ein anderer, zehen und tausend Gebete
von jener Art verfertiget oder erlaubt, oder vorge=
schrieben hätte, und wenn Millionen Menschen es in
der Unschuld ihres Herzens, oder weil sie nicht auf
das Achtung geben was sie beten, oder weil sie dies
Gebet vielleicht nicht recht verstehen, es nachbeteten;
so bete ich es nicht mit. —

So? warum denn? —

Weil ich ein besseres kenne, in welchem von alle
der Türken Antipathie nicht der entfernteste Gedanke
enthalten ist, und welches ein weit größerer und
wirklich infallibler Lehrer gebetet und uns zu beten
befohlen hat, als Doctor Luther war. —

Den Lehrer möcht ich doch wohl kennen, und sein
Gebet möcht ich wissen! —

Es ist das Vater Unser, mein Freund. Ver=
gieb uns unsere Schuld, wie wir vergeben un=
sern Schuldigern: Das ist doch wohl unstreitig
Gottgefälliger gebetet, als: Stürz unsere Feinde In=
die Grube, weil Mahomed sie betrog? — Gott
ohne Bedingung unsre Leiden und unsre Feinde über=
geben, mag wohl immer beruhigender seyn, als ihm

K   vor=

vorschreiben, wie er die erstern entfernen, und die letztern bestrafen solle! —

Daran dacht ich nicht gleich, sagte der ehrliche Türkenfresser. Sie haben Recht; aber — hassen denn Sie keinen Menschen? —

Keinen einzigen. Im Ganzen habe ich Achtung für sie; ich liebe wenige; lache über viele, und habe mit den meisten so viel Gedult und Mitleiden als mir möglich ist. —

(O! dachte ich, in dem Mann hab ich mich geirrt! denn dies war gekünstelt; oder ich verstehe ihn nicht recht. —)

Traun! sagte der kleine Mann, das ist schön! Ist das Ihre Religion? Sie lieben wenige? Ich dachte wir sollten alle Menschen lieben, wie in der Bibel steht? —

Und Sie lachen gar über viele? — Das ist bald noch ärger, als ihnen gerade weg nicht recht gut seyn! —

Ich lache über viele, sagte der Menschenfreund, weil viele Narren sind. —

Nun ja das ist wohl wahr; aber ists denn mit dem Auslachen genug? Ich dächte ein Narr müßte einem auch dauern, wenn es gleich lustig ist, daß man zuweilen auch was zu lachen hat. — Aber, warum lieben Sie sie denn nicht alle?

Ich liebe wenige, weil wenige nur liebenswürdig sind. —

Hm! mit Ihrem liebenswürdig! Das ist nur so ein Wort, das ich itzt immer höre, und das ich nicht recht verstehe. Vor Zeiten liebten die Leute

einst

einander, und dachten nicht einmal an das Wort. —
Nun, und was machen Sie denn nun mit den andern, die nicht liebenswürdig sind? —

Alle übrige müssen zufrieden seyn, daß ich keinen beleidige, und ihnen diene, wo ich nur
kann. —

Ey nun! das dienen ist eine ganz hübsche Sache;
aber das weiß ich, ich diene doch nicht allen Leuten
gern; und sagen Sie mir nur nichts. Ich weiß
doch, wie das ist! Was hilft das schöne Reden? Ein
Mensch ist doch immer ein Mensch, und Sie sind
auch einer. — Hm! Sie beleidigen keine Seele!
das ist nun auch was rechtes, keinem Menschen
nichts böses zu thun, der uns nichts thut. Ja!
ihnen gutes thun, wenn sie uns hudeln, das will
der liebe Gott haben. Freylich wollen wirs immer
besser wissen, wie der da, und haben nun so unsre
Gedanken für uns; aber das ist drum nicht recht! —

(Der Moralist ist ein verdächtigerer Mann, dachte
ich, als dies Kind der Natur!) —

Ich konnt es nicht länger aushalten; und wollte
eben hinzu treten, und den Philosophen näher kennen lernen, als ich über etwas weiches hinweg fiel.
Ich schrie überlaut; das Ding, das mir für den
Füßen gelegen hatte, noch ärger, und die beyden
Männer fuhren so hitzig aus der Nische heraus, daß
einer den andern umrannte, und beyde auf mich zu
liegen kamen. —

Darm-

Barmherzigkeit! rief ich; liebe Herren; wir zwey, erdrücken wahrscheinlicher Weise eine lebendige Creatur, die ich da unter mir habe, und die leichtlich eine vernünftige seyn kann. —

Der Weise sprang auf, half seinem Gegner, der über mir schnaubete, beyde reichten mir die Hände, und ich riß zugleich das Ding unter mir in die Höhe, das nunmehro, im schwachen und gemilderten Mondlicht, einem kleinen Bettelbuben ganz eigentlich gleich sahe, sobald ich es auf seine beyden Beine gepflanzet hatte. —

Ich hatt' ihm Nase an Nase gelegen, und deswegen hielt ich mich für berechtiget, am ersten mit ihm zu reden. —

Wer bist du, Kleiner? fragt' ich das Kind. —

Ein armes Kind, das heute noch keinen Bissen Brod gesehen hat! — Ach liebe Herren, schenken Sie mir einen kleinen Pfennig! der liebe Gott giebt Ihnen Gesundheit dafür. —

Wie kommst du in der Nacht hieher? warum gehst du nicht nach Haus? —

Das arme Geschöpf weinete bitterlich, und sagte: ich darf nicht! Ich schlafe alle Nächte hier. —

Du darfst nicht? —

Nein, meine Mutter will mich aufhängen. —

Das soll sie wohl bleiben lassen; sagte der dicke Mann. Wofür haben wir eine Policey hier? Wer ist dein Vater, Junge? —

Mein Vater ist tod, und ich habe noch drey kleine Brüder, und mein Vater ist ein Tagelöhner gewesen, und — meine Mutter hat kein Geld. —

Kann

Kann sie nicht arbeiten? sagte der Weltweise. —

Ach, nein, lieber Herr, das kann sie nicht Sie muß bey meinem kleinen Bruder seyn; der ist immer krank, und schreyt, und muß auf der lieben Erde liegen, wie wir alle. —

Nun, da kann sie denn freylich nicht arbeiten, sagte der Türkenfeind. —

Schlafen denn deine übrigen Brüder zu Haus bey deiner Mutter? sagte ich. —

Ich weiß nicht; aber ich denke nein! —

Aber warum nicht? —

Ach du lieber Gott! wir müssen ihr alle Tage drey Groschen zusammen betteln, und wer nicht seinen Groschen bringt, der darf nicht nach Haus kommen. —

Unmenschliches Geschöpf! rief der Moralist. —

Das ist auch verdammt einfältig von deiner Mutter brummte der kleine Mann. Sie sollte man nichmal selbst einen Lauf thun, und ein bischen Suppe für ihr krankes Kind betteln; das würde ihr wohl jedermann gern geben. Höre, sags ihr, sie soll alle Tage zu mir kommen, und solls nur meiner Magd sagen. Hörst dus? —

Ja lieber Herr, ich wills ihr sagen; aber wenn sie mich nun fragt, wer Sie sind? —

Ja so, es ist wahr! Ich bin Herr Michel; das große Haus vorm Thore ist mein. —

Wie viel hast du denn heute zusammen gebracht? fragte ich. —

Das arme Kind griff in ein Loch seines Brustlatzes, das ihm statt der Tasche diente, brachte die

K 3   ganze

ganze Frucht seines kummervollen Tagewerks hervor,
und hielt uns einige Heller in seiner kleinen flachen
Hand hin. Das ist alles, sprach dies Bild des
Elends, und schluchzete laut. ——

Ich sah meine Gesellschaft an. Der kleine Mann
krabbelte in seiner weiten Hosentasche herum, und
sagte; Pfuy Henker! in einer solchen großen Stadt
nur ein paar lumpichte Heller zusammen zu betteln?
Junge, du bist ein Schlingel. ——

Ach lieber Herr! kann ich? Sie schlagen mich,
und stoßen mich mit den Füßen, und schimpfen mich
ja, wenn ich ein Vater Unser bete, und um einen
kleinen Heller bitte. ——

Mein Seel du bist ein armer Junge! Gehst du
in die Schule? ——

Ich kann ja nicht, du lieber Gott! meine Mutter
hat kein Geld. ——

Der Philosoph, der lange schon so steif da gestan-
den hatte, wie eine Moral in Pergament gebunden
auf einem staubigten Bücherbret, zuckte itzt die Ach-
seln, und sagte: die Vernachläßigung der Jugend ist
keiner unserer kleinsten Fehler? ——

Ich gab dem Kinde einige kleine Münze, und der
dicke Mann strich ihm die Wangen, und gab ihm
ein Viergroschen-Stück. —— Da, armer Schelm,
sagte er, bring das deiner Mutter, und spare denn
das übrige bis auf Morgen, so hast du immer einen
guten Tag. ——

Der Knabe küßte ihm die Hand, und er wurde
so bewegt, daß er ihm ein Kleid versprach, und ihm
zusagte, er wolle ihn auch in die Schule schicken.

Das

Das Kind lief unter tausend kindischen Segens-
wünschen fort.

Der Philosoph.

Nun, mein Herr, sagte der kleine Mann, und
strich mit beyden Händen an seinem Wammes
recht freundlich herab; ich glaube gar, Sie wollen
sich nicht freuen, daß wir dem armen Jungen eine
gute Nacht verschaffet haben? daß Ihr Gelehrten
doch immer so was a partes haben wollt! Wie
könnt ich nun so da stehn und nicht vergnügt seyn?
und der arme kleine Junge ists doch gewiß! —

Ich habe dazu nichts beygetragen, sagte der Weltweise sehr stattlich. —

Was? sagte der dicke Mann; und Sie sind so ein
gelehrter und wohlhabender Mann? —

Mein Herr ich wollte um alles in der Welt eine
so grausame Mutter in ihrer Boßheit nicht bestär-
ken. —

Ich weiß selbst nicht, sagte der Kleine, wie das
ist! Sie haben Recht, denke ich; aber — ich habe
auch Recht, und wir können es doch nicht alle beyde
haben? Es ist doch auch nicht einerley, geben oder
nicht geben! —

Wird Ihr Almosen dem Buben etwas helfen?
sagte der kluge Mann. Morgen schläft er auf eben
dem Fleck, oder er muß abermals seinen Groschen
zusammen gebettelt haben. —

Ja!

Ja! das wird er bleiben laſſen, hat ihm der Herr da nicht auch noch was gegeben? Soll ſeine Mutter nicht alle Tage eine Suppe bey mir hohlen? will ich den Jungen nicht in die Schule gehen laſſen? da kann doch einmal was rechtes aus ihm werden! —

Die Bildung des Herzens wird in den öffentlichen Schulen nicht beobachtet, und ſie kann es nicht werden. Und was iſt nun dieſe Ihre vermeyntliche Wohlthat? ſagte der Weiſe.

Sie müſſen doch an allem was auszuſetzen haben! Ich bin auch in eben die Schule gegangen, in die der Junge gehen ſoll, und ich denke, was ich da gelernt habe, das ſoll er auch lernen. —

Nun gut! da wird er halb leſen, und ein wenig kritzeln, und den Catechismus auswendig lernen. Meynen Sie, daß Sie da für ſein zeitliches und ewiges Glück geſorgt haben? —

Ey was! ich kann mich da nicht immer mit Ihnen herum diſputiren. Der Junge ſoll was lernen, und Sie ſollens wohl ſehen, und wenn Sie mir den Kopf warm machen, ſo laß ich ihn gar noch ſtudieren. Wer weiß, wo Sie ihn darnach noch einmal ſelbſt brauchen können. —

Verhindern Sie zuvor, daß ihm ſeiner Mutter Boßheit und böſes Beyſpiel die Schule nicht unerträglich, und die Freyheit des Bettlerſtandes nicht zu ſüß gemacht habe. —

Das wär doch verdammt, wenn einer nicht gutes thun könnte, wenn er will. Hören Sie doch, mein Herr, — der kleine Mann nahm mich vertraulich bey der Hand, — was meynen Sie denn dazu; wird

wird der Junge morgen auf eben dem Fleck schlafen, und einmal ein Schurke werden? das sollte mich doch ärgern? —

Sie sollen es sehen, sagte der Weise, daß er morgen oder übermorgen wieder unter der Hecke schläft; denn er wird nicht alle Tage einen ehrlichen Mann finden, der über ihn wegfällt, und einen andern der gutherzig genug, aber — ein wenig unüberlegt — handelt, und ihm und seiner bösen Mutter Vorschub thut. Das Verderben der Menschen ist zu groß. Man kann es nur beseufzen; aber nicht so leicht mildern. —

Bis hieher hatte ich immer zugehört. Das ist ein wunderlicher Mann! dachte ich. Ich muß mehr Licht haben. —

Wenn nun das arme Kind morgen abermals unter der Hecke schlief, sagte ich, was würde das beweisen, mein Herr? —

Die Bosheit der Mutter, und das Verderben des Kindes, sagte der Weise. —

Wenn aber noch Ursachen da wären, woraus man vielleicht ehe das Elend dieser uns unbekannten unglücklichen Familie, als Bosheit vermuthen könnte? Wenigstens haben wir noch gar nicht Gründe genug aus denen wir durchaus schlüßen könnten, sie würde den Mangel und die Ungebundenheit alle denen Erleichterungen, Bequemlichkeiten und bessern Aussichten vorziehen, welche ihr dieser Herr hier verschaffen will. —

Der Pöbel ist zu verderbt, sagte der Weise, als daß man nicht hundert tumme und boshafte gegen

K 5   einen

einen finden follte, der Verſtand und guten Willen
genug beſäß, ſein Elend einzuſehen, und die Hülfe
zu ergreifen: die man ihm anbietet. Der Fehler
liegt an der Erziehung. —

Geſetzt, dies wäre auch erwieſen, ſo ſagen Sie
mir doch, iſt es genug es erwieſen zu haben, und
haben wir weiter keine Pflicht auf uns, als kahl über
das Elend der größern Menge zu räſonniren? —

Allerdings gehört mehr dazu; aber ein Privat‐
mann hat nicht Anſehen und Macht genug. —

Im Ganzen nicht; das iſt wahr; allein wer
wehrt es ihm, an ſeinem Theil ſo viel zum Wohl
dieſer Menſchenart beyzutragen, als er will? —

Ja! ſagte der kleine Mann, da hat der Herr
mein Seel recht! Wenn Sie nun auch ſo ein paar
kleine Jungen ernährten, und ihnen was gutes ler‐
nen ließen, und wenn es alle Leute ſo machten, die
es ſo gut könnten als Sie, und die Geld genug ha‐
ben, einen Zug Pferde zu halten, und ein paar gro‐
ße Schlingel von Bedienten zu füttern, ſo würde
das Betteln bald ein Ende nehmen. —

Dergleichen Anſtalten, wenn ſie Beſtand haben,
und der wahre Endzweck erreicht werden ſoll, müſ‐
ſen im Großen durch die Bemühung der Obrigkeiten
gemacht werden, ſagte der Philoſoph. Was ſoll
das Publikum ſich mit alle dem abgeben? Das Ar‐
muth hat auf ſolche Art nie auf etwas gewiſſes zu
rechnen; folglich iſt im Ganzen der Vortheil nicht zu
erwarten, der außerdem —

He! die Obrigkeit! ſagte der kleine Mann; die
ſoll immer alles thun. Das iſt deſto ſchlimmer, daß
die

die armen Leute sich nicht auf die Reichen zu verlassen haben. Hat die Obrigkeit nicht für Schulen
gesorgt? Läßt sie nicht jeden Bürger reich werden?
Nimmt sie einem einzigen sein erworbenes Gut weg?
Bezahlt sie nicht so genug? Soll sie auch die Bettler ernähren? das können die reichen Leute wohl
thun wenn sie nur wollten! Aber sie machen sie lieber noch ärmer als sie sind, und wenn sie denn weiter nichts wissen als betteln, so werden sie mit Füßen
fortgestoßen. Stehlen sie endlich — denn leben
müssen sie doch, — so werden sie wohl gar aufge-
henkt, und wer ist denn schuld daran? Die reichen
Leute und weiter kein Mensch. Ich bin eben nicht
reich, aber ich will allen Christenmenschen gutes
thun, so viel ich kann; mögens doch die andern bleiben lassen! —

Meynen Sie nicht, sagte sein Gegner, daß es eine Schande für die Policey sey, wenn ein ehrlicher
Mann auf den Gassen von ganzen Heerden lüderlichen Gesindels angefallen werde? —

Ja! lüderlichen Gesindels; wenn die Policey das
duldete, da hätten Sie Recht; aber die armen Leute
sind drum nicht alle lüderlich, weil sie arm sind.
Geben Sie ihnen Arbeit und ein bißchen Brod, so
werden sie nicht betteln und endlich lüderlich werden.
Warum thun das die reichen Leute nicht? —

Arbeit? was für Arbeit soll ein Privatmann einer Heerde von Bettlern geben, die durchaus faul
ist? —

Ein

Ein Privatmann? schrie der kleine Mann entrüstet. Je, wer redt von einem? Alle sollen sie es thun; alle die Geld genug haben, ihren Lakeyen, ihren Köchen, ihren andern Tagedieben Arbeit genug zu geben, und die das Geld, das sie verspielen oder an andre Narrenpossen wenden, in den Quark werfen. Wollen Sie da nicht wieder die Obrigkeit ins Spiel mengen? die ist wohl dran schuld, daß die reichen Leute nicht alle klug sind? Ich kenne viele die wohl barmherzig sind, und die immer ihre armen Leute haben, denen sie helfen. Warum thun sie es denn nicht alle? he? —

Man wird es endlich wohl überdrüßig, sagte der Weise, wenn der unzufriedene Bettler ungestüm genug ist, beynahe mit Gewalt zu ertrotzen, was eine Belohnung seiner bescheidenen Bitte seyn, oder was er der Großmuth des Gebers überlassen sollte. —

Da haben wirs wieder! das ist eine rechte Großmuth, wenn ich einem armen Teufel einen Pfennig gebe, und ihn obendrauf ausschimpfe, wenn er den Pfennig erst erbettelt hat! Oder denken Sie denn Herr, das gehöre Ihnen, was Sie vom lieben Gott erhalten haben? Sind Sie nicht sein Haushalter? —

Ist es nicht Frechheit, daß der nämliche Bube, den ich heute erst abgefertiget habe, mir morgen schon wieder vor der Thür liegt? —

Daß dich doch! wo soll er denn hin? Wenn je der Reicher, oder nur Wohlhabender zu so einem armen Jungen sagt, was Sie da sagen, — wenn er nun spricht? geh weiter, — muß er da nicht
immer

immer wieder zu dem erſten kommen? Da iſt ja der
Junge nicht ſchuld! —

Sagen Sie mir doch, mein Herr, ſprach ich, ob
Sie Ihrem Hunde, der, Sie heute um ein Stück
Brods anbillt, deßhalb keins geben wollen, weil er
morgen abermals betten würde? —

Da hat der Herr doch mein Seel! Recht, ſagte
der kleine Mann, und wiſchte ſich den Schweiß ab.
Ein Menſch iſt doch wohl immer beſſer als ein Hund?
So meyn' ich's auch, —

Ich behaupte nicht gerade zu, und ohne Ein-
ſchränkung, daß man dem Dürftigen kein Brod reichen müſſe, wenn er deſſen bedarf; aber das iſt eben
der große Punct: Wußten Sie auch ob der Junge
es werth war? und vielleicht hintergieng er Sie
gar! —

Recht liſtig ſah der Mann aus, da er das ſagte. —

Hm! brummte der Andre, der arme Schelm wird
ſich wohl umſonſt und um nichts des Nachts unter
die Hecken legen! Wie denn da, wenn der Herr hier
nicht über ihn weggefallen wär, und wir über den
Herrn? Das wußte wohl der arme Junge voraus?
Gelt? —

Nun, es ſey! ſagte der kluge Mann. Finden
Sie aber billig, meine Herren, daß die Mutter deſ-
ſelben ihre Kinder dem gemeinen Weſen zur Execution einlegt? —

Ach was! Execution? Eine ſchöne Execution,
wenn der Exequirer mit Füßen getreten wird, und
denn doch keine Gebühren kriegt. Kurzum, der
Junge

Junge verdiente das Bißchen, das wir ihm gegeben haben; denn er hatte in seinem ganzen Leben nichts als zwey Heller; und mußte auf der naſſen Erde ſchlafen; und wir ſchlafen auf Betten. Iſt er etwan nicht ſchon ſchlimm genug dran, daß er eine böſe Mutter hat? Und wen hatte er denn noch in der ganzen weiten Welt, der ſich ſeiner erbarmte? Gelt, Sie gaben ihm nichts? —

Ich hätte den ungekünſtelten Redner um ſeines guten Herzens willen immer umarmen mögen. —

Sie reden hier von einem Verdienſt, mein Herr, ſagte ich zu dem Weltweiſen, das in der That durch ein Almoſen von der Art, wie man jedem Bettler ohne Unterſchied mitzutheilen pflegt, ſchlecht genug belohnt ſeyn würde. Ueberhaupt aber ſehe ich gar nicht, ob der Elende nicht Verdienſt genug hat, wenn er Hülfe erflehen muß, und ob er einer weitern Empfehlung bedürfe, als ſeine Leiden. Ein jeder Menſch hat gleichen Anſpruch auf Glück und Wohlſeyn, und eine einzige Thräne, die ſich von der blaſſen Wange des Dürftigen herab ſchleicht, ſollte, — dächt ich wenigſtens, — unſer Herz gegen alle Härte und gegen alle Einwendungen öfnen können, die die Spitzfindigkeit nur immer erdenken konnte. —

Mein Herr, ſprach der Weiſe, jede Tugend, und alſo auch die Mildthätigkeit, darf nicht blos Temperamentstugend ſeyn, und es iſt hier wohl zu unterſcheiden —

Ach!

Ach! laſſen Sie den Herrn'ausreden! rief der
kleine Michel ungedultig. Sie haben den ganzen
Abend Recht gehabt. —

Wir wollen uns in keine Syſtematiſche Moral
einlaſſen, mein Herr. Unſre Tugenden bleiben immer unvollkommen; das bischen menſchliche Vernunft mag ſie noch ſo ſehr abwägen und eintheilen.
Ich wenigſtens werde heute ruhiger ſchlafen, da ich die
practiſche Tugend und das gute Gefühl dieſes Herrn
hier geſehen und entdecket habe, als wenn ich alle
Moralen geleſen, und gar ein Lehrbuch geſchrieben
hätte, von welchem der geringſte Bettler nicht nur
eines Dreyers werth Erleichterung fühlen wird.
Sagen Sie mir kurz, ob Sie wohl wollten, daß
uns die Vorſehung nach Ihrem Syſtem richte-
te? Wo ſind die Verdienſte, um deren Willen wir
beſſer geſtellet ſind, als der Betrübte, deſſen Jammer wir heute nicht ſtillen wollen, weil er unſere
Hülfe morgen wieder erflehen muß? — und ſie erflehen muß, da wir ihn in ſeiner Hütte nicht auf-
ſuchen? —

Die Vorſehung? ſagte der Philoſoph. O! davon ließ ſich noch erſt vieles reden. Aber weil Sie
doch die Ordnung im Diſputiren nicht lieben —

Das verlohnte ſich der Mühe, ſagte Herr Michel,
um einen Betteljungen eine künſtliche Diſputation
anzuſtellen. Geben Sie ihm lieber was! das iſt
beſſer. —

Laſſen

Laſſen Sie doch den Herrn da reden, ſagte ich. Es iſt billig, daß wir uns von ihm belehren laſſen, wie die Vorſehung handele, und nach welchen Geſetzen man lieber 50 Arme verhungern laſſen müſſe, weil 25 unwürdige darunter ſeyn können, als gegen alle ohne Unterſuchung barmherzig zu ſeyn? —

So ſagen Sie mir doch, meine Herren, ſprach der Philoſoph, ob Sie glauben, daß dies Kind und ſeine Mutter dieſer Vorſehung nicht eben ſo lieb ſey, als wir? und dennoch iſt unſer Loos, dem Anſehen nach, um ſo vieles glücklicher als dieſer und tauſend Menſchen ihres? Iſt die Vorſehung etwan ungerecht? Geſtehen Sie alſo, daß ſie es entweder ſeyn müßte, oder daß der Elende, der eine lange freudenloſe Nacht auf einzelen Strohhälmen durchſeufzet, im Grunde weder glücklicher noch unglücklicher iſt, als wir, ſobald er nur ſeine Seele erheben, und ſich derer Kräfte bedienen will, die der Schöpfer in dieſelbe geleget hat, um uns durch erhabene Betrachtungen gegen das anſcheinende Uebel dieſer Erde zu ſtählen. —

Ich lächelte bey des Mannes blumenreicher Rede; der dicke Mann ſchwitzte große Tropfen, holete tief Athem, und ſtotterte dem Weiſen zu! Ich hab's wohl gedacht, daß die Philoſophen keine Chriſten ſeyn können! —

Auch dieſen! ſeufzete ich, ſah gen Himmel, und ſtärkte mich durch einen Blick auf meine Lorenzodoſe. —

Nie habe ich ein tieferes Mitleid gefühlt, und zu=
gleich eine stärkere Verachtung, und merklichere Be=
wegung in meinem Gallengange, als die war, die
ich bey dem hirnlosen Gewäsch des Weltweisen emp=
pfand, an welchem es nun lag, daß sein gutmüthi=
ger Gegner auf immer einen falschen Begriff von der
Philosophie behalten konnte. —

Würden Sie sich getrauen, sagte ich zu dem So=
phisten, Ihre heldenmüthigen Sätze wohl dadurch
zu besiegeln, daß Sie, ohne zu fühlen, was die
Natur fühlen läßt, wie dieser arme Knabe unter
einer Hecke schliefen, sich mit Füßen treten ließen,
und dann, eben so stolz und freudig als itzt, öffent=
lich behaupteten, Sie wären eben so glücklich als
Sie es itzt sind? —

Ich würde, sagte er affectirt, die Vorsehung we=
nigstens nie anklagen, daß mein Loos nicht das be=
ste sey; denn ich bin fest überzeugt, daß alles, was
sie über uns verhängt, gut sey. —

Danken Sie ihr, antwortete ich ihm, daß Sie
diese Stärke der Seele in kummerlosen Tagen haben
erwerben können, und der Gefahr noch nicht aus=
gesetzet worden sind, in welcher dieselbe hätte erschüt=
tert werden können. Ich wünsche Ihnen aufrichtig
Glück dazu, und tadle Ihre Theorie von der Vorse=
hung und ihrer Weisheit nicht. Ich sage nur, sie
ist nicht hinlänglich zur Tugend; sie macht den tu=
gendhaften Weisen nicht aus. Und nun antworten
Sie mir nur noch einmal aufrichtig: Würden Sie,
wenn Sie dann auch Ihren erhabenen Grundsätzen
unter der Last des drückendsten Elendes treu blieben, —

wels

welches mir aber immer noch sehr zweifelhaft
scheint —

Mir auch; so wahr ich selig werden will! mir
auch, schrie der kleine Mann, und schlug seine ge=
ballte Faust gegen seine Stirn, und der Weltweise
lächelte erwartend. —

Würden Sie dann, fuhr ich fort, den Mann
nicht wenigstens für einen Barbaren halten, der Ihr
Schicksal erleichtern könnte und sollte, und der, —
anstatt Ihnen eine kleine Gabe zu geben — mit der
Mine des Catheders Ihnen zurufte: Dein Schick=
sal ist so gut als meins! Verhungere!

Der Philosoph verstummte, der kleine Mann
sprang mir für Freuden an den Hals, drückte mei=
ne Hand aus vollen Kräften, sah dann den Weisen,
der seine kalte Mine behielt, schief an, und sagte:
Da, Herr! beten Sie auch immer; unser liebes
Brod gieb uns alle Tage, und denken Sie an den
Samariter; der war besser als der alberne Phari=
säer, der auch so ein Gelehrter mag gewesen seyn,
wie Sie. —

Sollt' es sich der Mühe verlohnen, dachte ich, die
Menschen nach den Süßigkeiten zu beurtheilen, die
von ihren Lippen gehen? oder nach den schiefen Aus=
drücken, die zuweilen dem besten unter ihnen entwi=
schen? Sollte die Weisheit nur in Sophisterey be=
stehn? Sollte Theorie, stolzes Wissen, trockene Kennt=
niß unsrer Pflichten, ihrer Einschränkungen und
Ausdehnungen, sollte kalte Vernunft allein hinrei=
chend seyn, uns zu Menschen zu machen? Sollte
das Herz und seine Empfindung nichts oder doch
nur

nur wenig dabey zu thun haben? — Unmöglich
ist das! Mein beßrer, mein erster Lehrer, mein eignes Gefühl widerspricht dem allen, und überzeugt
mich unwidersprechlich, daß Menschenliebe nur
Weißheit ist. Alles übrige reducirt es sich nicht
hierauf, ist, aufs höchste, Zeitvertreib und Spiel er-
wachsener Knaben. Mit diesen Gedanken verließ ich
die beyden Männer. —

Die Laube. Gerade Jacobis Laube; denn es giebt keine mehr, nach einiger Leute Dafürhalten.

Mit Ihrer Erlaubniß, meine Herren. — Sie
wissen doch, liebe Leser, welche Herren ich
hier meyne? — ein Kapitel von der Laube. Sagen Sie selbst, was soll ein Reisender anfangen,
wenn er unterweges eine antrifft, die aber, — denn
das versteht sich am Rande, — nicht genau die
nämliche seyn muß, die unser aller Freund Jacobi
über seinen Wagen flechten ließ? — Ich muß —
wahrhaftig ich muß erzählen, was ich in meiner Laube anfieng, und sollten Sie morgen ganz Deutschland sagen, — was Sie ihm zu sagen für gut finden. —

Zwölf Uhr schlug es. Die Philosophen unter
den Vögeln, die gelehrten und sehr dogmatisirenden
Käuze, Uhuhen, Eulen, und so fort nach Stand
und Würden, — die armen Dichter, — die Astro-

nomen und Aſtrologen — die einzeln Schildwach-
ten auf den Wällen, — die ſpeculierenden Weiſen, — die furchtſamen Tyrannen, — die Geizhälſe, —
die Prieſterinnen Cytherens, — die Projectma-
cher, — die Hexen und Hexenmeiſter, — die ange-
henden Gelehrten, — die Grillenfänger, — die Mar-
queurs, — die Hofhunde und die Katzen auf den
Dächern — die Nachtwandler und Mondſüchtigen,
kurz, alle erdenkliche Nachtwächter nebſt dem ganzen
Heer von Alpen, Kobolden, und nächtlichen Gei-
ſtern in und außerhalb eines Leibes, — waren noch
munter, oder wurden es itzt erſt, und arbeiteten ſich,
jedes nach ſeinem verſchiedenen Beruf oder Grille,
durch ihre Wirbel hindurch. Kurz, es war Mitternacht, und Pumpers guter Freund der Mond, ſchien
durch ein angelaufenes Kammerfenſter auf den kahlen Schädel meines ſchlafenden Dieners, während
dem, daß ich ihm mit Verwunderung zuſah, wie
ſchnell er dahin eilte, um nun bald die geheimen
Entzückungen irgend eines glücklichen Paares unſrer
Gegenfüßler ſtill zu beleuchten, und eine Laube im
Lande der Incas zu verſilbern.

Ich dachte mir alle mögliche Tollheiten dieſer armen guten Erde, und — auch die meinigen, —
und beneidete den Mann im Mond. Dann berech-
nete ich das phyſiſche und moraliſche Gute auf un-
ſerm Planeten, und hatte noch ein gutes Drittheil
hinzu zu addiren, und brauchte dies Drittheil nicht
einmal, um ſchon den beruhigenden Gedanken zu
fühlen: Er iſt wirklich erträglich gut.

Ende

Endlich ward ich es überdrüßig nichts als meinen wunderlichen Schatten zu sehen, und setzte mich in eine dunkle Laube. Da wollte ich die schlafende Natur belauschen, aber ich konnte nicht. Die ewigen Wäschereyen der Eulen hinderten mich daran, und die erbaulichsten Betrachtungen giengen verlohren, die je ein Mann im Dunkeln angestellet haben mag.

Giebt es denn immer Wäscher, und bloße Wäscher, die mich hindern zu denken und zu fühlen was mir beliebt? Unter einem Dach, oder auf demselben, im tapezierten Zimmer, im Hörsaal, oder im zerfallenen Thurm — allenthalben Wäscher? und immer der nämliche Unsinn? Das dacht ich und ward bös.

„Ueber die Eulen, Herr Autor? —“

Ja! und über alles was zur Unzeit und ungebeten quäkt, es habe eine Haut oder Federn, oder Schuppen. —

„Nun, warlich! das war sehr unLorenzisch! —“

Allerdings war es das; allein, das ist meine Schwäche! zuweilen werde ich meinem Yorick untreu; denn ich kann das Schwatzen und das Unwesen gewisser Geschöpfe in Federn oder ohne Federn, mit Schnäbeln oder ohne Schnäbel, mit Eulenaugen oder mit Augen vom schwarzen Staar verdorben, mit Brillen oder ohne Brillen, mit Büschen von bunten Federn auf dem Kopf, oder in Deckeln, von Bieber- oder Hunde- oder Ziegenhaar, oder mit einer lebendigen hochgethürmten Vergette — ein für allemal nicht immer gleich geduldig ertragen.

L 3 Wenn

Wenn ich dann in solchem Fall einmal mein Gleichgewicht verliere, so erhohle ich mich gern von alle dem Zwang, den ich meiner Lebhaftigkeit auf lange Zeit anlegte, um ein treuer Schüler des weisen dultenden Lorenzo zu seyn. Dann fallen mir alle Bocksstreiche der sogenannten Philosophen ein, die ich nur weiß. Von den Philosophen komme ich — per combinationen idearum — auf die Narren, von diesen auf die Bösewichter und Heuchler, von diesen auf — die Hölle, und da tummelt sich meine Weltbürgerschaft so lustig herum, und meine Rosinante — Steckenpferd darf ich nicht sagen, ich weiß es wohl, meine Herren, — stolpert so lange rüstig auf und ab, und ich kämpfe mit so vielen Windmühlen, Riesen und Ungeheuern, in der Geisterwelt, bis ich mein Balbierbecken, und meine Bügel, und meine Lanze verliere, und — mit Admiral Trunnion fest vor Anker zu liegen komme. — Nach und nach erhohle ich mich wieder, betrachte meine Dose gefällig, sende einen Stoßseufzer an das Grab des Gedultigsten unter den Sterblichen ab, werde endlich wieder flott, und wundere mich über mich selbst, daß ich mich von einem so elenden Lüftgen, als die Ungedult ist, über Bord habe werfen lassen.

Mitternachts um 12 Uhr! Was für eine beträchtliche Stunde für den Weisen und seinen Antipoden den Narren! Rund umher nichts, das den letztern hinderte sein Rad zu schlagen, und den erstern abhielt auf die Seite zu springen, damit ihm der Narr nicht auf die Fußzchen trete!

Das

Das ist die schreckliche Stunde, in welcher die Natur stärker ist als der Bösewicht; in welcher der Tyrann und der Lasterhafte dem Frommen und Unschuldigen sein Strohdach und sein Lager von dürren Blättern gönnen muß; in welcher der Redliche durch süße Träume belohnet oder gestärkt wird, die kommenden bösen Stunden zu ertragen; in welcher oft Martern, von welchen der Tugendhafte nicht einmal einen Begriff hat, das feige und gebrandmarkte Herz seines Verfolgers peinigen; in welcher dem Gottesläugner eine Maus, oder eine knarrende Diele mehr als alle Beweise der Vernunft überführen, daß er ein Narr, und daß ein Gott sey; in welcher der Sultan ein Sclav und der Gassenkehrer ein Monarch ist; in welcher die unglückliche Liebe sich glücklich träumt; und in welcher die Tollheiten der andern Hälfte dieses Planeten am hellen lichten Mittage zu Markt getragen werden.

Weit von alle dem entfernet, was mir 12 Stunden vorhero, und oft schon den ungedultigen Wunsch abgezwungen hatte, ein wenig taub oder blind, oder gar in Elysium zu seyn, — sicher, daß keinem Proceßsüchtigen oder Weltbezwinger der unselige Gedanke einfallen könnte, mich aus meiner Laube zu verdrängen, um — etwan 20 Quadratschuhe mehr Land zu besitzen, und es in ein Narrenhaus oder in eine Einöde zu verwandeln, — freuete sich meine Seele der einsamen und ruhigen Laube, und wünschte immer einsam zu seyn. —

Aber

Aber, wie nun, sagte sie endlich menschenfreund-
licher, wenn du so einsiedlerisch die Ewigkeit durch-
leben solltest, wie diese feyerliche Stunde? —

Freylich würde auch dies hart seyn, sagte mein
Gram; aber von Heuchlern, von Schelmen, von
Narren und von Philosophen umgeben seyn — ist
dies etwan besser, als allein seyn? —

Lustig! sagte meine ehrliche Laune; nichts ist entsetzlicher als die Einförmigkeit. Und würdest du
lachen können, wenn nicht zugleich eine Anlage zu
Thränenvollen Auftritten in diesem Leben gemacht
wär?

Laß seyn, daß dich der Thor im Vorbeygehen
mit Wasser begieße! siehe, er macht dir dafür einen
lustigen Sprung und fällt auf die Nase, und du hast
die Freude ihm — aufzuhelfen, und ihm zu vergeben. —

Laß seyn, daß der Philosoph dir seinen Bettel-
sack hinhalte, oder gar dich nöthige in sein Faß, oder
in seinen Raritätenkasten zu gucken: oder daß er sein
Handlaternchen anzünde, dir zu leuchten, damit du
nicht am frühen Morgen eine Beule an deine Stirn
stoßest, oder deine Nase zwischen dem Mond und der
Milchstraße einklemmest, oder dir einbildest, das Lee-
re sey voll, oder das Volle sey leer, oder glaubest,
die einfältige Tugend sey Tugend; oder dafür hal-
test — kurz, er meynt es mit alle dem so bös
nicht, und ist höchstens — ein wenig lächerlich. —

Laß seyn, daß der Heuchler seinen Kopf sinken lasse, und dich von unten auf und seitwerts anschiele,
und dich um Ehre, Glück, Ansehen, Freunde, und

                                                    guten

guten Leumund singe und bete, weil du ihn nicht für den Propheten des Gottes der Wahrheit Unschuld und Redlichkeit halten willst, und weil der gute Geruch des heiligen Mannes dich nießen macht! Laß seyn, daß die Kunst, unter der Mine der Patriarchen, ein Schelm oder ein Dummkopf zu seyn, — dessen beyde Ohren einen Pfahl oder das Angesicht eines Maulesels putzen könnten, — manchem Buben die Kanonisation erworben hat, und — noch erwerben wird! Tröste dich damit, daß du dein Lebenlang mit freyer Stirn gen Himmel schauen, und, nicht ohne Zuversicht, sagen konntest: Gott, ich bin voll Mängel wie jeder anderer; aber ich verhele sie weder dir, noch begehrte ich jemals eines deiner Geschöpfe zu betrügen! — Sey zufrieden, ehrlicher ...... daß einst, in der letzten derer wenigen Stunden, die du auf diesem Planeten herum zu schleichen bestimmet bist, dein sterbendes Angesicht nicht mit der Schamröthe und dem Bewußtseyn eines verheimlichten Bubenstücks überzogen seyn wird! —

Laß endlich seyn, daß der mächtige Bösewicht dich ins Angesicht schlage, dir Luft und Sonne abschneide, und nach dieser großen That von Sclaven beweint im bebrämten Sarge vermodere, wenn unter dessen auf deine ruhige und vergessene Asche weder die Thräne eines mitleidigen Auges fällt, noch dein unbekannter und einsamer Grabhügel von Procßionen beunruhiget und Wundercuren von deinem Gebein erbettelt werden! Siehe, er liegt frey vor dem kommenden Richter, und einst, wenn Thronen

L 5   und

und Pyramiden erſchüttert werden, wird auch er ſich
öfnen, und von dem allſehenden Auge nicht überſehen
werden. Bis dahin wird ein frommes Ameiſenvölk=
chen ungeſtöhrt unter den Blumen und Neſſeln woh=
nen, die über ihm aufblühen. Vielleicht, wenn dein
Gebein einſt lange ſchlummert, und dein Andenken
von der Erde, deren unſichern Beyfall du nie ver=
achteteſt, um welchen du dich aber nie bewarbeſt,
vertilget ſeyn wird, ſucht irgend ein verfolgter Bie=
dermann einen Winkel, wo er ſich verberge, und
findet den ſtillen und unbeneideten Hügel, unter
welchem dein Jammer ruhet, — und betet über
demſelben, und wünſcht da zu ſchlafen, wo du
ſchläfſt. Dann ſchleicht von ſeinen frommen gen
Himmel gewandten Auge eine menſchliche Thräne
auf die Blumen herab, fordert die Rache über den
Verfolger der Tugend, die du nie fordeteſt, und
ihn hört ſein guter Engel. ——

Dies, liebe Herren, war das Kapitel von meiner
Laube. Sie ſehen wohl, daß ſie viel melancholi=
ſcher angelegt iſt, als des Dichters Laube, der ſo
ſehr geliebt zu werden verdient, weil er die ganze
Welt liebt, und daß ich mich alſo ohnmöglich in die
ſeinige verkrochen haben kann, um den Streit zwi=
ſchen meinem Spleen und meiner guten Laune ab=
zuwarten. ——

Thema

Thema zu einer Differtation über den Tod der Helden.

Da unten haben sie auch einen armen Schelm vorm Jahre erschossen, sagte ein alter rüstiger Bauer, der mir und Pumpern im Winter den Weg über ein Gebürge weisen mußte.

Wer hat ihn todgeschossen? sagte Pumper. —

Je die Soldaten, die wir bey uns in den Winterquartieren hatten. —

Warum thaten sie das Bruder? —

Hm; weil sie sagten, er wäre ein Differtirer. —

So? nun, da wars recht! —

Recht, Herr? Geh er doch mit dem Rechte da! der arme Mensch war mein Landsmann. —

Nun? und da mußte er ein Schurke seyn? —

Ich möchte doch wohl wissen, Herr, wie Er das sagen kann! —

Bruder, ein Soldat muß nicht desertiren, oder er ist ein Schurke; das sag ich. —

Ja, das ist nun so gleich hin geredt! Wer hieß es ihnen denn, daß sie die Leute mit Gewalt aus den Betten holten? und was gieng uns denn andrer großen Herren ihr Krieg an? Sie konnten ihre eignen Leute wegnehmen, aber unsre nicht; die kann unser Herr wohl selber brauchen, und er kann sie auch ernähren; weiß Er das Herr? —

Das ist was anders, Bruder; aber — er hätte doch nicht weglaufen sollen. Hatte er nicht geschworen? —

Das

Das ist ein schöner Schwur! Hatte er nicht unserm Landesherrn schon geschworen? —

So hätte er keinen andern schwören sollen. —

Rede er doch nicht so wunderlich! Haben sie die armen Leute nicht halb tod geprügelt, wenn sies nicht thun wollten? — Was meynt Er dazu, Herr? sagte der Bauer zu mir. —

Ich meyne, mein Freund, daß diejenigen, die deine Landsleute zum schwören prügelten, eben so gut eidbrüchig geworden seyn würden, wenn sie durch Prügel dazu wären gezwungen worden —

Und daß sie wohl eben so gut wieder weggelaufen wären, wenn sie ein ehrlich Herz im Leibe gehabt hätten? Meynt er das nicht? —

Das, Mein Freund —

Pumper unterbrach mich eben nicht ungelegen; denn Leute von dieser Art haben eine wunderliche Art zu disputiren; sie reden immer so ihres Herzens Logik weg. —

Laß gut seyn, Bruder! sagte Pumper. Er wäre doch tod geschossen worden! —

Ey was! da hätts doch geheißen, er wär mit Ehren gestorben! — I nun, immerhin! er war doch ein ehrlicher Kerl, und das sagte unser Herr Pfarr auch. Mögens doch die Soldaten nicht glauben, die ihn todgeschossen haben! —

Dein Pfarr hat gelogen, weißt du das? Es ist eine ganz andre Sache, ob einer vorm Feind bleibt, oder ob er als ein Deserteur sterben muß. —

Kugel ist Kugel, sagte der Bauer, und wer weiß wie viel Schurken im Kriege todgeschlagen oder tod-
gehauen

gehauen worden sind! Mein Landsmann war kein Bärenhäuter! Er machte sich viel aus den paar Kugeln. —

Er hätte sich nichts draus gemacht?

Mein Seel! nicht einen Creuzer hätt er drum gegeben, wenn sie ihm das Leben geschenkt hätten. Ich laufe doch wieder weg, sagt er, und dann könnten sie mich wohl gar aufhängen! So komm ich doch noch mit Ehren aus der Welt! — Da war auch ein Mönch dabey, der ihm Pardon versprach, wenn er wollte catholisch werden? aber da sagte er: Herre, das hilft mir in der Welt doch nichts, und in jener möchts noch übler ablaufen! — Und da mußte unser Herr Pfarr zu ihm kommen. —

Da hat dein Landsmann recht dran gethan. Man muß den lieben Gott nicht um das bischen Leben belügen. Wenn sie es ihm nun auch geschenkt hätten, so hätte er doch geglaubt, was er gewollt hätte, und da wär ja der Mönch immer betrogen worden. —

Das denk ich auch, sagte der Bauer; um so was gleich einen andern Glauben anzunehmen, das — je! das hätte der catholische Pfarr wohl selber nicht gethan oder er wär, mein Seel! ein Windbeutel gewesen, der den Lutheranern eine Nase gedreht hätte, wie sie alle sind, die ums Zeitlichen willen das thun. —

Schade ists um den ehrlichen Kerl! sagte Pumper; der hätte manchen schlafen legen sollen! —

Da

Da hätt er nun auch was rechts gethan!

Was? meynst du Bruder, ein Soldat thue da nichts rechts? —

Herr, ich bin nur so ein einfältiger Bauer, aber ich denke, daß es schon schlimm genug ist, wenn wir unsers gnädigen Landesherrn seine Feinde tod schlagen müssen; aber das muß einem ehrlichen Blut vollends recht sauer werden, wenn es den Feinden gar dienen und seine eignen Landsleute —

Das geht unser einem nichts an, Bruder; dafür müssen die großen Herren sorgen. Ich bin auch Soldat gewesen, und ich weiß es am besten. Glaub du mirs, ein Soldat ist ein ganzer Kerl, wenn er ehrlich ist, und ein Herz im Leibe hat! —

Ey nun! was ist er denn weiter, als ein armer Mensch, der andre todschlagen muß, die ihm nichts gethan haben, und den sie endlich selbst vor den Kopf schießen? —

So stirbt er glücklich, uud kömmt bald von der Welt weg. —

Das muß ein schönes Glück seyn, wenn einer todtgeschossen wird!

Warum nicht? Hat er nicht eine Ehre davon? —

Der Bauer schüttelte den Kopf, und sagte: wir armen Leute wissen viel wie es mit der Ehre zugehen mag; aber ich denke nun so: wenn ich als ein guter Christe gelebt habe, da habe ich meine Ehre einmal vor dem lieben Gott im Himmel; und das ist wohl besser, als seine Ehre, Herr! —

Glaubst

Glaubst dus nicht, sagte Pumper, daß es eine Ehre ist, wenn die Leute sagen, das war ein braver Kerl! —

Ach! hörts einer denn, wenn er tod ist, daß die Leute das sagen? —

Pumper wußte sich nicht zu helfen, sah mich an, und sagte: Lieber Herr, hab ich denn nicht Recht? —

Der Bauer hat Recht, daß ein Todter nichts mehr hört. —

So wärs ja wohl was albernes, sagte Pumper, wenn einem das nichts helfen sollte! und warum ließen sich denn die Generale tod schießen, wenn sies nicht um der Ehre willen thäten? —

Herr, sagte der Bauer, was denkt er denn davon: Wenn nun ein Soldat so tod da liegt, kanns ihm denn einer ansehen, ob er Herz gehabt hat, oder ob er sich vor den Kugeln gefürchtet hat? —

Das kann kein Mensch sehen! —

Da! wenns denn nun eine Ehre wäre, hätte da nicht ein todter Schurke eben so viel Ehre als ein ehrlicher Kerl? —

Bruder, sagte Pumper, ich weiß nicht, wie das ist; aber da ich noch unter den Soldaten war, da sagten uns das immer alle Officiere, und der Feldprediger mußte es uns auch predigen. —

Hör er doch, Herr, sagte der Bauer, ich weiß nicht, wie die Officiere das mögen gemeynet haben; aber ich denke nun so, in einer Schlacht hätten sie das nicht gesagt! —

Wenn eine angehen sollte, und wir waren aufmarschiert, da sagten sie es eben, und gaben uns

gute

gute Worte, und nennten uns Cameraden, und predigten ärger als der Feldprediger selber. ——

· So haben sie doch selber nicht geglaubt, was sie da sagten, und haben sich alle weit weg gewünscht! ——

Das wär der Henker! Wie kannst du das wissen? ——

Herr, ich wills ihm nur sagen. Ich bin auch 24 Jahr unterm Volk gewesen, und ich habe meinem gnädigen Landesherrn ehrlich gedient. Aber mein Kopf — sieht Er Herr, den Hieb da? ——

Der Bauer entblößete sein graues Haupt, und zeigte eine tiefe Wunde. ——

Pumper bot dem Bauer seine Hand vom Pferde herab, und sagte freudig: Siehst du, Bruder, den Schuß da in meiner Kinnlade? ——

Ich hab ihn lange gesehen, Herr. Er ist nicht um vier Pfennige mehr werth als mein Hieb. ——

Was? das ist uns allen beyden eine Ehre! rede nicht so albern! ——

Es ist nicht wahr, Herr! sagte der Bauer; Sag Er mir auf sein gut Gewissen, ob Er den Schuß nicht zu allen Teufeln gewünscht hat, da Er ihn kriegte! ——

Nun, das hast du freylich getroffen! ——

Da sieht. Ers ja! unsre Köpfe sind uns lieber als alle die Ehre da, und so meynens die Officiere auch; glaub Er mirs; — Ja! hinterdrein thun die Soldaten manchmal auf so einen Schuß groß; aber, mein Seel! das ist tumm, und wenns der General selber thät! denn kein einziger hielt den Kopf deswegen

wegen hin, daß sie ihm eins drauf geben sollten! ——

Bruder, ich habe dich für einfältig angesehen,
sagte Pumper; aber du bist so klug wie unser einer. ——

Der Bauer lächelte. ——

Sag mir einmal Camerad, hast du keinem für deinen Hieb wieder eins angehängt? ——

Das weiß ich viel! Ich habe gefeuert so gut als
einer; aber das treffen gieng mir nichts an. ——

Ich habs besser gemacht, sagte Pumper. Da ich
wieder aus dem Lazareth kam, giengen wir vor .....
und da hab ich einmal einem in der Sappe aufs
Koller gebrennt, daß er die Beine in die Höhe kehr-
te! ——

Camerad, sagte der Bauer, das war nicht
Recht! ——

Was? ——

Ja freylich! um des Einzigen willen wirds
wohl Friede geworden seyn, gelt? Und was konnte
denn der arme Teufel für Seinen Schuß? ——

Nun, das ist wohl wahr! aber machtens doch die
Officiere auch so! die schossen manchen nur so zur
Lust vorm Kopf. ——

Die Officiere? Geh Er doch! ——

Ja, sag ich dir; die thatens zum Spas. ——

Ist das auch eine Kunst, sagte der alte Soldat,
hinter einem Schanzkorb zu stehen, und einen weg
zu blasen, der sichs nicht versieht? —— Nein, da hab
ichs besser gemacht! ——

M   Wir

Wie machtest dus Bruder?

Sieht Er, ich hatte einmal einen Vorbosten auf einem Piket, und ein Franzose hatte ihn auf der andern Seite. Da war nur so ein Bächelchen zwischen uns; mit Steinen hätten die Vorposten einander tod werfen können, so nah standen wir. Der Kerl konnte nun kein stummes Wort deutsch, und ich konnte kein Französisch. Da gieng er immer so trozig auf und ab, wie ein Truthahn, und pfiff sich ein Liedchen. Hm! dacht ich, das Pfeifen wollt ich dir wohl anstreichen, wenn ich nur Lust hätte! aber ich nahm meinen Brodsack, und as. Das sah nun der Franzos so mit an, und hatte nichts zu beißen und zu brocken; denn wir haben sie recht eingesperrt. Wie ich nun so as, da hätt ich auch gern einen Schluck dazu gemacht; aber den hatt ich wieder nicht. Ich höhlte meine Flasche raus, und goß die paar Tropfen die noch drinne waren aufs Brod, und as so. Da lachte der Franzos, und wies mir seine Bulle, die war über und über voll. — Komm her, Camerad, sagt ich, und wies ihm mein Brod, wir wollen tauschen. Der Kerl schüttelte mit dem Kopf, und kauderwelschte so was her, und wies mit dem Finger auf seine Flinte. — Was? dacht ich, der Schelm traut dir wohl nicht einmal? und da gieng ich näher an den Bach. Was meynt Er wohl Camerad, daß er that? Schlug er nicht mit der Flinte an? — Vor deinen Puffer werd ich mich wohl fürchten! sagt ich, und setzte meinen Hahn in die Ruhe, und steckte ein tüchtig Stück Brod vorn aufs Bajonet, und wies es ihm hin. Da war er wieder

zahm

zahm wie ein Lamm, und kam näher. Da warf
ich ihm das Stück Brod übern Bach hinüber,
und so fuhr er gleich damit ins Maul. —
Nun, Camerad, sagt ich, gieb mir auch einen
Schluck, und warf ihm meine Flasche auch hin.
Da lachte der Spitzbube, und ließ sie liegen, und
wollte sich rücklings wieder fort trollen. Aber ich
schlug nun auch an, und sagte: Dürrer Hund!
willst du einen Deutschen zum Narren haben? Ja!
er kam wohl fein wieder, und goß mir Branntwein
in meine Flasche, und warf mir sie wieder her. Da
waren wir gute Freunde, und so hab ichs immer gemacht. —

Der Bauer sah mich an, und sagte, war das
nicht ehrlicher, Herr, als wenn ich den armen
Schlucker nun so von der Welt getransportirt
hätte? —

Ich konnte nicht anders, als dem ehrlichen Deutschen Recht geben, der nach einiger Leute Dafürhal-
ten, so alberne Begriffe vom Tod der Helden und
von der Ehre hatte. —

Aber, sag mir doch, Camerad, sagte Pumper,
warum wir so tumm sind, und uns das weis machen lassen, es wär eine Ehre wenn wir todgeschossen werden? —

Hm! brauchen wirs denn zu glauben? und können sie nicht zufrieden seyn, wenn wir uns nur hinführen lassen, und unsre Patronen verschießen? —

Ja, da sind wir freylich schlimm dran! Die Officiere — nun die habens ja wohl eher Ursach, daß
sie da Ehre einlegen wollen, es mag nun zum Tod

oder

oder zum Leben gehn; aber wir armen Teufel, was geht uns das an? Wird ein Regiment zusammengeschossen, so avanciren die Officiere, und werden einmal große Herren; aber mit uns ists ganz anders. Ist die Rotte wieder voll, so fragt kein Mensch, wie der arme Gemeine geheißen hat, der heraus geschossen wurde. Schießen sie einen Officier tod, gleich wirds in die Zeitungen gesetzt. Ists gar ein General, da gehts an ein Lamentieren, und an ein Geschieße und Getrommele, und da halten sie ihm eine Leichenpredigt, wunder wie groß! und wer weiß ob er nur halb so viel Herz hatte, als ein armer Grenadier, der wie ein Hund eingescharrt wird.

Ich habe manchen großen Officier gekannt, der sich hübsch verpaddelte, wenn wir in die Trenchéen giengen, und über den sie ein wundergroßen Spekstakel gemacht hätten, wenn er in seinem Loch von einer Haubitze wäre begraben worden. — Mein Seel! ich bin den Soldaten noch immer gut, aber nun wollt ich keiner wieder werden. Daß ich nicht ein Narr wär, und mich für ein paar Pfennige des Tags todschießen ließ! —

Camerad, da wär Er auch ein Narr! und, — nehm Er mirs nicht übel, — wenn Er darum gedient hat, so ist Er auch ein Narr gewesen? —

Was sagst du? Du wirst wohl par honneur gedient haben, wie die Officiere so sagen? —

Hundertmal wär ich ein Schelm geworden, wenn ich um weiter nichts, als um ein paar Pfennige, oder um seiner Ehre willen hätte dienen wollen, Camerad.

Warum

Warum bist du denn Soldat gewesen, Bruder?—
Ich wills Ihm sagen. Ich hatte einen alten
Vater, der hatte unsers Herrn Vater schon gedient,
und da nun der Krieg angieng, da sollte er wieder
mit hinaus, oder einen andern Mann für sich stellen. Nun war ich doch schon 19 Jahr alt, und da
lief ich zum Hauptmann, und ließ mich annehmen,
und sagte meinem Vater nicht ein Wort davon. Da
schickte denn der Hauptmann den Feltwebel ins
Dorf, und ließ meinen Vater rufen, und da der nun
angestiegen kam, sieht Er? da stund ich schon flink,
und hatte die Montierung an, und mein Vater konnte nun in Friede nach Hause gehn; aber er wollte
nicht. Da sagt ich aber, Vater, ich kann so gut
eine Flinte tragen, als Ihr, und Ihr seyd unserm
gnädigen Landesherrn nichts mehr nutz. — Da
gab mir der Hauptmann meines Vaters Gewehr,
und da mußt er sichs wohl gefallen lassen. — Nun,
sagte mein Vater, geh denn in Gottes Namen hin!
Der mag dich behüten, wie er mich behütet hat.
Diene deinem Herrn so ehrlich und treu, wie ich ihm
gedient habe, und wie der Herr Hauptmann wohl
weiß. Wenn du das thust, so wird dich der liebe
Gott segnen, und wenn ich dich auf der Welt nicht
wieder sehe, so wirst du mich schon im Himmel wieder finden. (Der alte Soldat wischte sich eine ehr-
würdige Thräne vom Angesicht.) Da werd ich Ihn
auch nun suchen müssen, fuhr er fort; denn er war
tod da wir wieder aus dem Felde kamen. Ich bin
nun auch alt und steif geworden, und habe meinen
Sohn schon hingeschickt; der ist unter der Leibgarde,

und

und ist ein rechter braver Kerl. — Weiß Ers nun
Camerad, warum ich gedient habe? —

Pumper sah mich und den Bauer wechselsweise an.

Hältst du das für Ehre, Pumper? sagte ich. —

Meine arme Seele! lieber Herr, ich denke, gegen
den bin ich ein armseliger Kerl! —

Und ich denke, sagte ich, daß dieser alte redliche
Mann, ohne daß er sich darum bekümmert, mehr
von der Ehre weiß, und fühlt, als mancher General, und daß alle die Helden, die keine andere Be-
wegungsgründe haben, als eine falsche eigennützige
Ruhmbegierde, oder überhaupt ihr eigenes Interesse
nicht einmal werth sind todgeschossen zu werden. —

Der prophetische Traum. Der Autor wird entdeckt.

„Nun? — das fehlte allerdings noch, Herr Au-
„tor, daß Sie uns Ihre Träume erzählen! —“

Machen es Eurer Philosophen einige besser, die
Euch obendrauf die ihrigen nicht umsonst vorle-
gen? — Wie denn nun, wenn mein Traum der
Schlüssel meines Buchs wäre? —

„Sie haben Recht, Herr Autor. Erzählen Sie.“

Ich stand in einem Buchladen, und las mit dem
gelehrtesten Gesicht die Titulblätter einiger Werke,
die ich nicht verstund, und ward von dem Buchhändler gestöhret, der mir meine Reisen sehr sauber
gedruckt

gedruckt und mit Vignetten geschmückt, zum Verkauf anbot. —

Beyläufig sage ich allen Chaldäern und Zigeunern, daß der Mann wie ein Mordbrenner und falscher Münzer aussah, und ich glaube, diese Nachricht meinem Verleger schuldig zu seyn, der ein artiger freundlicher Mann ist. —

Was ist das für ein Wisch? sagt ich. —

„Wahrhaftig! der Autor ist ein gutmüthiger „Mann, ohne alle Eigenliebe. Das sieht man ja „itzt so klärlich wie die Sonne am Himmel. —“

Im Traum geht das gar gut an, meine Herren, daß man nicht weiß, was man thut, und nicht überlegt was man redet. —

Eine Novität, sagte der Buchhändler, und rieb sich die Hände, wie gewisse Leute zu thun pflegen, wenn sie etwas im Schedel oder auf der Zunge haben, das sich der Mühe verlohnt abgefragt zu werden. —

Hm! eine Novität? sagt' ich. —

Ja, und eine, die — die —

Ich sah ihn an. — Die? nun, was denn die? . . . . .

Die mich reich machen soll. —

Ich wünsche Ihnen Glück, sagt ich kaltblütig, und nahm ein ander Buch. —

Kaufen Sie ein Exemplar, es wird Ihnen nicht reuen; denn in 14 Tagen geb ich es anders nicht als um den dreymal erhöhten Preis. —

Und warum das? —

Weil es ganz gewiß verboten werden wird. —

Und

Und wer ist der Autor? —

Ja! das ist eben die Sache. Für den Leser ein Reisender incognito. Wir aber, wir kennen ihn besser.

Ein Reisender? sagte ich. Doch nicht ein empfindsam seyn wollender? —

Nicht ganz das; mehr ein gallenhafter —

Und wo reiset er? —

Man kann aus seiner Landcharte nicht recht klug werden. Der Henker orientire sich; denn er setzt Dinge zusammen, die nirgend in einem Lande zusammen anzutreffen sind. —

Und was sagt er denn, das der Confiscation würdig sey? —

Er hält sich über gewisse steinigte und übel gebauete Wege auf, und das sind offenbar die unsrigen. —

Sind Sie gereiset, mein Herr? —

O ja! —

Und haben Sie nirgend üble Wege angetroffen, als die in diesem Lande? —

Nun, das wohl; aber ich wollte drauf schwören, daß ich Recht habe! —

Sie müssen ein großer Hexenmeister seyn, mein Herr. —

O! es giebt mehr Leute die auch meiner Meynung sind. —

Ey! die sind denn auch Hexenmeister.

Aber ists das alles, was der Autor sagt! —

Nein, er satyrisirt sogar über diejenigen, die solche Wege anlegen. Ferner über die Pachtereyen

und

und Contrebande, über die Stockprügel, die er einigen Soldaten hat austheilen sehen, und so fort. ——

Und was sagt er denn von den Leuten, die solche Wege anlegen? ——

Er nennt sie Philosophen, und macht die beissendsten Beschreibungen von dieser Menschenart. ——

Und von der Contrebande? ——

Die Visitatoren wären Philosophen. ——

Und von den Stockprügeln? ——

Die Philosophen theilten sie aus. ——

Ist Ihnen ein Land unterm Mond bekannt, in welchem sich Philosophen mit alle dem abgeben? ——

Mir nicht, und keinem Menschen; aber eben hierinnen liegt die Bosheit. Auf Frankreich, auf Deutschland, allenthalben herum haben wir gerathen; aber immer ohne hinlänglichen Grund. ——

Und doch entscheiden Sie? Sie sind ein wunderlicher Mann. ——

O! ich habe meine Ursachen! Ich vermuthe — und gescheute Leute vermuthen ——

Und ich vermuthe, der Autor habe sein Geheimniß für sich behalten. Aber um eines Geheimnisses willen confiscirt man ein Buch nicht. ——

Das soll schon gemacht werden! ——

Und wer soll es confisciren? ——

Die Regierung. ——

Welche dann? ——

Ja das weiß ich noch nicht. ——

Ich nahm mein Buch. Wunderlich war es, daß ich den Innhalt desselben wußte, sobald ich den Titul angesehen und ein wenig darinnen geblättert hat-

te, und daß ich doch immer noch nicht daran dachte, es sey mein eigenes Buch. Was Träume
nicht für Erscheinungen sind!—

Der Buchhändler wunderte sich über meine Art
zu lesen gar nicht. Der Mann hatte Aristarchen
im Sold, darauf wollt ich wetten, wenn ich nicht
geträumt hätte.

Ich legte mein Buch auf den Tisch, und sagte:
Ich finde nichts verbotenes in demselben. Es ist
die lachendste und unschädlichste Satyre, die ich jemals gelesen habe, und ihre Streiche gehen den
Politikern nichts an. —

Der Buchhändler sah mich ernsthaft und trüb-
sinnig an. Sie meynen nicht, sagte er, daß
ein gewisses Land, und gewisse Personen insbesondere darinnen angegriffen wären? —

Keine Seele, als einige Arten sonderbarer Menschen, die jedermann unerträglich sind, und von denen es nur selbst abhängt, ob sie sich zu den Origi-
nalen bekennen wollen, die der Autor aufstellt.

Aber das Land? —

Ist das Land der Träume, wie der Autor ja
deutlich genug sagt, und von diesem Lande mag jeder
Biedermann halten und sagen, was ihm gut
dünkt. —

Aber, was für Wege sollen das seyn, wovon er
redet? —

Wege, die die Philosophen uns aufdringen.—
Und was denn der Visitator und der Commissär? —

Aber-

Alberne Kerle, wie alle die ihnen gleichen! Aber schwerlich wird einer das Herz haben, die Aehnlichkeit auf seine Unkosten zu gestehen. Freund, im Vertrauen, durch dies Buch werden Sie nicht reich: wenigstens nicht auf die Art, wie Sie es hoffen. —

Was? ich sollte das verdammte Manuscript zu theuer gekauft haben? —

Ganz gewiß nach Ihrem Calcul! denn weder ich noch ein vernünftiger Mann wird in demselben das finden, was Sie hinein erzwingen wollen. —

Was? ist nicht die Einrichtung wegen der Verpachtungen wörtlich darinnen angegriffen? —

Nicht diese, sondern die Raubgier derer Beamten. —

Aber wie will sich der Autor gegen den Soldatenstand rechtfertigen? hat er den nicht lächerlich gemacht? —

Nein; sondern nur die Narren und die Grausamen dieses Standes. —

Gott verzeihe mirs? er hat mich betrogen. — Ich bin ein ruinirter Mann! —

Hat er Ihnen ein Pasquill oder eine aufrührerische Menschenfeindliche Schrift versprochen? —

Das nicht! aber hören Sie mich nur an. Ich zeigte das Manuscript einigen meiner Freunde. — Witzige Köpfe, wenn es irgend welche giebt! — Diese wollten sich todtlachen, und sagten ausdrücklich: Bravo! Das haben wir lange gewünscht! Das ist der ...... und das ist der ...... Dieser Weg liegt da — dieser Commissär ist der ... Dieser Officier ist der .... Die Pachter müssen ein einmal gezüchtiget werden — und was weiß ichs, was sie alles sagten! Kurz, sie baten mich, das Manuscript nicht wegzulassen, und wir wollten, um keinen Zweifel übrig zu lassen, auf unsere Unkosten einen Schlüssel zu dem Wisch drucken lassen, und ihn auf des Autors Rechnung anhängen.

Das, mein Herr, hätte verdient, daß man Sie und Ihre sehr kluge Bande auf die Finger geklopfet hätte! Ihr Autor ist ein gutes, launisches Menschenliebendes Thier, das von keiner Regierung, auch von der aller Sultanischsten nicht, verfolget werden wird; denn keinen geht seine Laune etwas an. Die seynwollenden Philosophen, und Kritiker, die Heuchler, nebst allem übrigen Grimmen und Kopfwehe verursachendem Geschmeiß, sind allein seine Feinde, und gewiß es giebt lächerliche Thiere darunter! —

Zum Henker! sagte der Buchhändler, und warf mein Buch unwillig unter den Tisch, sinds weiter nichts als fade Sticheleyen auf alle Narrenarten; so intereßirt die Brochüre keinen gescheuten Kopf! Wo ist nun das Salz der Satyre? —

Ihre Begriffe von der Satyre, mein Herr, und von dem Salz derselben, möcht ich wohl wissen, sagte ich, eben, als 2 junge Leute, deren einer die Mine eines Phantasten, und der andre allen erdenklichen Anstand eines verwirrten Menschen hatte, in den Laden herein stolperten. —

Wer sind diese? fragte ich heimlich. —

Meine

Meine Freunde; sehr gescheute Herren! Sie solten hören, was diese von dem verdammten Manu=script hielten, das nun vermodern soll! —

Junge Gelehrte, dem Anschein und der Verbin=dung mit Ihnen nach? sagte ich. —

Allerdings! Philosophen und schöne Geister. —

Gott helfe dir, armer . . . . . . seufzete ich bey mir selbst, wenn einst irgend ein Doctor dieser Art, auf seinem Grauschimmel reitend, dich auf seinem Wege fänd, dir eine Vorlesung halten, und dir seine Kappe überstülpen wollte! —

Um mich der augenscheinlichsten Gefahr nicht aus=zusetzen, floh ich aus dem Buchladen, und meine Seele träumte mich an einen Nachttisch. —

„Ach beschreiben Sie uns den, lieber Herr Au=tor! —“

Ich kann nicht, meine Damen; denn ich erinnere mich der artigen Sächelchen, die darauf standen, nur sehr dunkel. Was mir aber seltsam schien, war dies, daß ich alle mögliche Reisen, die empfindsa=men und die, die es seyn sollen, — folglich auch die meinige — darauf liegen sah. —

Ich blätterte in meinem Buch herum, und itzt hielt ich mich eben so gut darüber auf, als wenn ich es nie gegen den Buchhändler vertheidiget hätte, und als wenn ich nimmermehr der Autor desselben ge=wesen wär. Noch dachte ich in meiner Träumerey nicht: Das ist dein Buch.

Auf einmal hörte ich ein Geräusch im Nebenzim=mer, und verbarg mich in einem Winkel, der mir sicher schien. Warum ich das that, und warum ich hier nicht entdeckt wurde, weiß ich selbst nicht mehr. ––

Ganz gewiß, –– dies sey im Vorbeygehen gesagt –– ist nichts bequemer als einen Traum zu erzählen. Alles muß sich da so hübsch fügen, und wider alle Möglichkeit passen, als in dem besten Feyenmärchen, oder in einer gewissen Geschichte Carls des zwölften, oder in irgend einem System von Spinnweben. ––

Die Dame, der das Zimmer gehörte, trat herein, setzte sich an den Nachttisch, und nahm mein Buch. ––

„Sie lügen, Herr Autor. Das müßte eine wun„derliche Dame gewesen seyn! ––"

Haben Sie vergessen, daß ich träumte? ––

Die Dame las, und fieng laut an zu lachen. Ich horchte mit meinen beyden Ohren hoch auf. Sie ward wieder ruhig, dachte ein wenig nach, lachte wieder ein Dutzendmal hintereinander, und ich war so klug als das erstemal.

Endlich trat ein junger Herr ins Zimmer, dem die Unthätigkeit und Thorheit mit allen ihren Gesellen, Erbverbrüderten und Erbvereinigten, und kurz sein ganzer Beruf aus den Augen sah. ––

Kommen Sie geschwind her, sagte die Dame; hier werden die Pedanten geprellt, einige Soldaten, und, –– wenn Sie es nicht übel nehmen wollen, –– unser wohlhabender Pachter mit unter. Verstehen Sie mich? ––

Der junge Herr machte ein Entrechat, und bat um einige Stellen, die die letztern beträf.

Die

Die Dame las ihm die vor, die den Commiſſär und den Viſitator angehen. ——

Der Phantaſt beugte ſich über die Dame hin, beſah ſich in einem großen Pfeilerſpiegel, und machte ein lächerlich wichtiges Geſicht. Pardieu! ſagte er, l' auteur ſera etrillé comme quatre. ——

Wie ſo? ſagte die Dame. ——

C'eſt qu'il ſe mêle des affaires d' etat, et qu'il nous trouve ridicules. ——

Um Vergebung! ein Commiſſär und ein Viſitator ſind doch wohl nicht Leute, gegen die man ein Crimen laeſi begehen könnte? ——

Laeſæ wollen Ew. Gnaden ſagen, rief ein Mann in einem violetten Rock mit ſchwarzen Knopflöchern, der eben aus einer halboffenen Thür in das Zimmer trat, und einen kleinen Knaben an der Hand führte. ——

Lernen Sie Ihrem jungen Herrn erſt leſen, Herr Donat, ehe Sie mir wollen reden lernen, ſagte die Dame. ——

Der Hofmeiſter — das war er — zog ſich zurück, und pflanzte ſich auf ſeine dürren Beine nicht weit von meinem Winkel. ——

Daß du mir nicht zu nahe kömmſt, ſagt ich heimlich, oder wir ſprechen einander in der nächſten Meſſe! ——

Diable! ſagte der junge Herr, c' eſt un drole d' animal que ce pedant là. Aber — (dies ſagte er in gebrochenem Deutſch,) meynen Ew. Gnaden nicht, daß die Verfügung gegen die Contreban-

be

de eine Sache sey, die den Staat angehe? und folg=
lich ists die Pachterey auch. —

Wer läugnet das? sagte die Dame. —

Nun, so sind diejenigen, deren sich der Staat
hiebey bedienen muß, seine Absichten zu erreichen,
Leute, die, — à l'abri de toute insulte seyn sollten;
denn man greift den Staat unmittelbar in ihrer
Person an.

Hahaha! Monsieur Bimbelot, ich will Ihnen
eine kleine Frage vorlegen: Gehört nicht die Policey
unter diejenigen Stücke, die dem Staat vorzüglich
angelegen und wichtig seyn müssen? —

Sans doute Madame!

Und folglich ist der Staat und die Gassenkehrer,
Laternputzer, Bettelvoigte u. s. f. einerley? —

Monsieur Bimbelot stußte. Mais Madame, ces
gens là sont incomparablement au dessous de —

Gut gut! diese Leute da, sollten wenigstens à l'abri
de l'insulte seyn. Ist das nicht alles, was Sie sa=
gen können! —

A peu prés, Madame. —

Auch da, wo sie zuerst insultiren? —

Je ne sais — mais —

So erklären Sie mir doch dies einmal. Wenn
ein Bettelvoigt einem armen Wanderer, dem er blos
das Betteln verwehren soll, den Mäntel und den
Brodsack obendrauf mit wegnimmt, ist der Staat ein
Spißbube, oder ists der Bettelvoigt?

C'est le dernier. Cela est clair.

Und wenn der Visitator einen Fremden erst ver=
höret und ihm dann den Taback wegnimmt, und

ihn

ihn für sich behält, bestiehlt da der Staat den Fremden, oder thut es der Visitator? —

C'est aussile dernier, qui le vole. —

Folglich ist der Staat und dieser Spitzbube nicht einerley. —

Mais ce n'est pas là le cas! —

Allerdings ist ers! Der Visitator nahm dem Reisenden den Taback weg, der eben so gut plombiret werden konnte, als der Koffer, und sagte: er ist mein. —

Que le Diable emporte le nez de votre voyageur, Madame! —

Ich griff im Jammer meiner Seele an meine Nase. —

Noch eins. Der Commissär ließ sich das visitiren so gut als das plombiren bezahlen. Begiengen da beyde nicht einen offenbaren Diebstahl, zu welchem der Staat den Namen hergeben mußte, ohne daß ihnen dadurch der geringste Vortheil zuwuchs? —

Eh mon Dieu, Madame! veut on que le Commis fasse son métier pour rien? Tout le monde veut vivre! —

Pour rien, sagen Sie? Desto schlimmer, wenn das wahr wäre. Dies hieß eine Bande Räuber im Staat dulten, welche privilegirt wäre, sich auf Unkosten deß Ehre desselben, und des Beutels der Reisenden zu ernähren. Aber werden diese Leute nicht bezahlt? Wofür stehlen sie? —

On leur abaudone ces miséres, pour les encourager. —

N   Vor-

Vortrefliche Grundſätze! Deſto beſſer, daß ſie
blos in dem Gehirn eines Pachters Platz haben können. Aber, unter uns, ſie machen Ihnen wenig
Ehre, und der ehrliche Reiſende, der dem allent
ausgeſetzt iſt, hat wenigſtens dagegen das Recht,
einen elenden Buben, der ihm ins Angeſicht ſpottet
und ihn plündert, ſo viel ihm beliebt, und der ſeine
Diebereyen noch mit der Logik aller Räuber gültig
macht, öffentlich einen ſchurkiſchen Philoſophen zu
nennen, und über ihn zu lachen? die Hauptſache war
die, Sie zu überführen, daß der Staat in der Perſon dieſer Kerls gar nicht angegriffen wird, und
nichts mit ihnen gemein hat. —

Je ne connois rien de plus vilain qu' un Philoſophe, et votre voyageur — c'eſt un effron-
té.

Um Verzeihung, ſagte der Schulmeiſter und zit-
terte am ganzen Leibe, wiſſen Sie, mein Herr, daß
ein Philoſoph mehr iſt als — ein Narr? —

Que veux tu Compére? ſagte der Pachter verächtlich, — mais - tu as raiſon. —

Ich bin Philoſophiæ Magiſter, und die Welt-
weisheit iſt zu erhaben. —

Der Magiſter bekam einen erſchrecklichen ſticken-
den Huſten, und konnte ſeine Vertheidigung nicht zu
Ende bringen. Der Pachter machte ſich das zu
nutz, und ſagte hochlachend; Hola maître Donat,
va mouiller tes verges. —

Nichts iſt in der Welt, das meiner Meynung
nach das Gehirn und den Bauch eines ſpleenhaften
Biedermanns erquickender und heilſamer erſchüttere,
als

als wenn ein luſtiger Thor des andern Pritſche verachtet, und das war hier der Fall.

Ich lachte nach Beſchaffenheit des Orts und der
Umſtände ſo herzlich, aber auch ſo heimlich als es
ſich nur thun ließ, und der Pachter ſchlüpfte, nachdem er der Dame die Hand geküſſet hatte, pfeifend
für ſeinem Gegner vorbey, zur Thür hinaus, und
lachte ihm triumphirend in den Hals, den er weit
aufſperrete, um nicht vom Huſten erſtickt zu werden.

Ein Officier trat herein, und wár beynahe über
den Pedanten weggelaufen, wenn dieſer nicht eiligſt
in einen Winkel gekrochen wäre. —

„Ein Officier? und was ſoll dieſer bey einer Toilette? —“

Liebe Herren, das müßte er wohl am beſten wiſſen. Oder meynen Sie, ein Officier tauge zu weiter nichts, als zum todſchießen? — Als wenn er
nicht auch Filet ſtricken, Bänder wählen, Contretänze
erfinden, —und, was weiß ich alles? verſtehen müßte!
und als wenn es izt nicht der gute militariſche Ton
erforderte, vom Folart und Polyb eben ſo wenig
zu wiſſen, als ehedem ein Spartaner von Ragoûts
und Schminke.

Sehen Sie da, ſagte die Dame, Herr Obriſt, ein
launiſches Buch, das einigermaßen nach Ihrem
Sinn ſeyn wird. —

Wie ſo, gnädige Frau? ſagte der Soldat. Dazu gehört viel, und Sie wiſſen, ich bin, trotz meines Rocks, immer eine Art von Kenner auf dem
Punct. —

N 2　　　　　　　Nun

Nun nun, ja doch! so wie wir Damen auch. —
Aber kennen Sie das Buch schon? —

Wie heißt es? —

Es hat keinen rechten Titul; aber die Philoso=
phen, und Ihre Feinde, allerley lächerliche Thiere,
werden hier in die Lehre genommen. —

Bey den Wörten: es hat keinen rechten Titul,
dachte mein Gehirn zuerst; das ist dein armes
Buch! und nun wurde mir Angst. Ein Officier
und ein Kenner? — Wie wird das ablau=
fen! —

Ich hab' es gelesen, sagte der Obrist, und der Au=
tor hat Recht; er sey wer er sey. —

O du gesegneter Kunstrichter! sagte ich heimlich!
da ist doch einer, der mit mir Armen zufrieden ist, und
gerade einer von denen, von welchen ich das am
wenigsten erwartete; denn, leider sind sie nicht alle
klug, und billig, ob sie es gleich am leichtesten seyn
könnten. —

Den Narren, den Bimbelot möcht ich nur spre=
chen! sagte der Soldat. Ich wette er hält den Au=
tor für einen Staatsverbrecher, weil der arme Mann
über ein paar Lumpenkerle lacht, die sich an den
Reisenden bereichern; denn er hat überaus hohe Be=
griffe von der Wichtigkeit seiner Person und seines
Handwerks, so sehr wir ihn auch zu demüthigen
suchen. —

Das that er den Augenblick, sagte die Dame.
Ist er Ihnen nicht begegnet? —

O ja,

O ja, auf der Treppe, und beynahe hätt ich ihn herab geworfen. Er rannte gegen mich an, und brummte? que la peste t'etouffe! —

Wen? sagt' ich, Herr Pachter, und faßte ihn beym Kragen. — Pardon Monſieur! ſchrie er, hick meen der Donat, uhnde der *Voyageur*. — Ich verſtund den Narren nicht, und lies ihn laufen. —

Gott vergelte das Ihro Gnaden, ſagte der Magiſter, und ſteljete vorwarts. Er hat auch mich ſehr gemißhandelt, und ſagte frech: je ne connois rien de plus ſot qu'un Philoſophe. —

Sie verändern die Phraſibus ein wenig, ſagte die Dame; aber der Einfall verliert dabey nichts. —

Mit gnädigſter Erlaubniß! es heißt nicht: Phraſibus; denn auf die —

Die Dame unterbrach den Magiſter mit einem anhaltenden Lachen, und der Officier klopfte mit ſeinem Stab gegen ſeine beyden Waden über welche weiße leinene Kamaſchen geleimet waren. —

Aber, wiſſen Sie auch, Herr Obriſt, ſagte die Dame, was der Autor von denen Landſtraßen ſagt? —

Ich weiß es, und ich denke dies Kapitel iſt eine Anſpielung auf —

Auf die . . . . . . Straßen? Wenn er doch die meynte! Denn mein Landauer Wagen dauert mich noch, den ich in der Nachbarſchaft zerbrach. —

Nein, auf die Philoſophen, mit Ihrer Erlaubniß, Herr Grammatiker dort in der Ecke! —

Du Mann muß ein heimliches Verständniß mit meinem Geist haben! dachte ich. —

Unterdessen wird nicht jedermann diesen Com — Commen — wie muß ich da sagen, Herr Donat? —

Commentarium, gnädige Frau, sagte der Schulmeister und lachte mit orbilischer Wichtigkeit. —

Nun also, diesen Commentarium wird nicht jedermann machen; glauben Sie das Herr Obrist? —

„Daran liegt nichts, sprach der Officier. Ein „Autor müßte viel zu thun haben, wenn er für je„den Kopf und für jeden Commentar sorgen sollte, „den man über seine Einfälle machen könnte. —"

Aber, wie sind Sie mit dem zufrieden, was er von Ihrem eigenen Handwerk sagt? —

Ganz vollkommen! Er hat Recht, daß er gewisse Philosophen desselben, wie er sie nennt; — lächerlich macht; — „denn kein Mensch sollte weniger ein „Narr seyn als der, der einen Degen trägt, das „Vaterland zu vertheidigen. —"

Daß ich dich nicht umarmen kann! sagte ich bey mir selbst! —

Wird mein Vetter, der General, Ihrer Meynung auch seyn? sagte die Dame. —

Wenn er klug ist, gewiß; oder er wird ausgelacht werden, wie ehedem. —

Was machte er da? —

„Es kam ein Werkchen heraus, aus dessen Titul kein Mensch vermuthete, daß der Autor einigen unsers Handwerks eine Vorlesung halten würde. Von ohn-

ohngefehr aber entdeckte ich es zuerst aus einem
Journal. Ich kaufte das Buch. Es gefiel mir,
und ich machte es weiter bekannt. Hohl mich der
Teufel! sagten einige, der Mann hat die Wahrheit
gesagt. — Hohlen mich tausend! sagte ihr Vetter, — und so viel mußten es wenigstens seyn;
denn wenn ein General fluchen will, so darf er nicht
fluchen wie ein Musketier! — Der Verfasser hat
hundert Narrheiten gesagt, und er ist obendrauf ein
Pasquillant. — Und die Ursach? fragte ich —
Ey! sehen Sie nicht, daß es schon einfältig und
boshaft ist, zu behaupten, es müsse keine Subordination seyn? und ein Soldat müsse ein Kopf-
hänger seyn? — Wo sagt er das, Herr General? — Je nun! er meynt es doch so! — Aha!
er meynt es so? „Nun, Herr General, ein Autor
„muß wohl am besten wissen, was er meyne. —“
Gut, sagte Ihr Vetter die jungen Officierchen dürfen den Wisch nur lesen, so werden sie sich über uns
aufhalten, und sich nicht mehr befehlen lassen wollen. Der Teufel mag für ihnen sicher seyn, wenn
wir sie nicht mehr kurz halten dürften, ohne uns
einmal über das andere mit ihnen herum zu balgen.
Ein verdammtes Buch ists! — Um Vergebung
Herr General, sagte ich, das werden sie aus dem
Buch nicht lernen, wohl aber, über Ehre und
Menschlichkeit nachzudenken. Sie erzeigen Ihrem
Regiment überhaupt eine schlechte Ehre, wenn Sie
glauben, Ihre Officiers wären alle Sclaven, und
keiner wisse was er sich schuldig sey, auch ohne dies
Buch gelesen zu haben. — Sie denken doch aber

N 4   nicht

nicht alle überein, sagte Ihr Vetter, und die, die ohnehin immer barrsch thun, werden nur noch ärger gemacht, wenn sie so was lesen. — Lassen Sie es doch der ganzen Armee lesen! Was sie unter andern daraus lernen werden, — und was gewissen höhern Officiers freylich nicht angenehm seyn wird aber dennoch eine Wahrheit ist, die jedermann, auch dem tümmsten, in die Augen springt, — ist dies: daß der kleine Dienst nicht die Hauptsache, und die sogenannte Ambition nicht die wahre Ehre sey; daß ein hoher Officier mehr wissen müsse, als Flinten und Zäume zu lackiren, und gegen die geringern Officiers ein ungezogener Mensch, in Ansehung der Religion aber ein Freygeist zu seyn. Aber meynen Sie, dies wären Ihren Officiers bis hieher Geheimnisse gewesen? Und gesetzt auch, dies Buch hätte ihnen die Augen ganz geöfnet, — wie ich doch zur Ehre ihrer gesunden Vernunft nicht glaube, — was hindert das alles Ihnen Herr General? —

Zum Teufel! fluchte Ihr Vetter, kennt' ich den Autor! er hat auf gewisse Leute gestichelt; denn er mahlt sie handgreiflich. —

Das hat er nicht, sagt' ich, Herr General; denn ein Narr sieht dem andern ganz gleich. „Ist es „des Autors Sache, wenn jemand glaubt, er sey „das Original einer lächerlichen Copie, die der Au„tor nicht von einem Narren, sondern von vielen „genommen, und ein Ganzes daraus gemacht „hat? — „ Dies alles sind ja alte fast verlegene Wahrheiten! —

Ihr

Ihr Vetter schwieg ein wenig still und biß sich die Nägel ab. Endlich sagte er: Ich errathe den Autor. Es ist ein Officier, das sieht man aus den Stylum, und es ist ein naseweiser Monsieur! Aber, ich will ihm das Handwerk legen! Gewiß ich leg' es ihm. —

Und wie? —

Ich werde sorgen, daß der Wisch von der Kriegscanzeley verboten werden soll. —

Den Gefallen wird sie Ihnen nicht thun; und gesetzt, sie thät es, so würde es nichts helfen. Das Buch wird nur desto bekannter. —

Nehmen Sie mirs nicht übel, Herr Obrist, wüßt ich nicht, daß Sie mehr zu thun haben, als Bücher zu schreiben, so dächt ich so — Sie wären der Autor. —

Ich gäb 50 Rthlr. darum Herr General wenn ich es wäre. —

Herr Obrist! Gott verdamme —

Ich lachte, ehe der General mit seinem bekannten Leibfluch fertig werden konnte. —

Was lachen Sie?

Ich lache darüber, daß Sie so brav sind, zu wünschen, Gott solle Sie verdammen, unterdessen daß Sie uns immer sagen, Sie glaubten keinen Gott! —

Ihr Vetter ward bös. Herr Obrist, sagte er, Sie werden bald selbst General werden, und vertheidigen solche Sodiesen!

Ich vertheidige keine Gottisen; denn in dem Buch hab' ich keine einzige gefunden. —

Ich

Ich schreibe morgen an den Minister, und werde unterdessen deutlich merken lassen, daß das Buch ein rebellisches Buch ist. Allen Officiers will ich das rund heraus zu verstehen geben. —

Wollen Sie nicht bey der Parole befehlen lassen, ein jeder sollte das glauben?

Ich glaube Sie wollen mit mir spaßen, Herr Obrist? sagte der Mann und sah überaus general= mäßig dazu aus. Den soll wenigstens der Teufel hohlen, der nur thut, als hätt er den Wisch gele= sen! Sie können die Nase ins Reglemank stecken, und das lesen. —

Herr General, vergeben Sie mir, mit aller Ach= tung die ich Ihnen schuldig bin, muß ich es Ihnen sagen, wenn die Rede von Officiers ist, so vergessen Sie zuweilen die Würde eines Standes, dem Sie Ehre machen sollten. —

Ihr Vetter schien sich zu schämen. Aber, Herr Obrist, sagte er, man muß auch daran denken, daß die Subordination erhalten wird, und das Buch wirft sie gerade zu über den Haufen. Es taugt durchaus für junge Officiers nichts. —

Meynen Sie, Herr General, weil Sie ein Regi= ment haben, so hätten Sie auch Ansehen genug zur Kunstrichterschaft? —

Er ward abermals bös. Ich meyne nur das, Herr Obrist, daß mir keiner von allen meinen Offi= ciers, er sey wer er sey conterdiciren soll. —

O Herr General! ich bitte Sie, das Buch ist kein Reglement, und — Sie setzen sich vielem aus! —

Was

, Was denn? —

Ihre Kritik wird ein Beruf seyn, daß das ganze Regiment das Buch kaufen wird, und das gieng zur Noth noch an, wenn nur Sie es nicht gerade verböten. —

Ich werde schon thun, was mir belieben wird, Herr Obrist. —

. Darf ich frey reden? —

Sie reden wohl jemals anders? —

, Nun denn, Herr General, wenn Sie das Buch aufrührisch nennen, und dann kein Mensch es so finden wird, so wird man glauben, Sie hätten Ihre Ursachen dazu in petto behalten; denn ich wiederhole es, — sicher kauft es das ganze Regiment, sobald Sie nur sagen, der Autor schreibe wider die Subordination und er sey ein Pasquillant. —

Das machen Sie mir nicht weiß! —

Sie kennen die Menschen noch nicht, wenn Sie das nicht glauben. Ich warne Sie aus Freundschaft! —

Der General blieb auf seinem Kopf verbot das Buch, schimpfte dasselbe, es wurde gekauft, und — es that mir um seinetwillen leid. Einige lobten nun den Autor laut; einige freueten sich, viele suchten hinter den erdichteten Charaktern wirkliche, und dem armen General war dies nicht vortheilhaft; denn er hat viel Feinde, wie Ew. Gnaden wissen. —"

Eine lustige Geschichte! sagte die Dame, — welche dem Obristen so andächtig zugehöret hatte, als ich — meinem Vetter geschah ganz recht. Aber,
Herr

Herr Obrift, meynen Sie wirklich nicht, daß der Autor der Reisen Individuſſe durchgezogen hät= te? —

Individuſſe! ſagte der Sprachlehrer, bekam Ver= zuckungen, und verſchwand mit dem kleinen Kna= ben. —

„Nein, gnädige Frau, ſagte der Obriſt, kein In= „dividuum unterm Himmel, oder jede Satyre müßte „ein Pasquill ſeyn. —‟

Du biſt der Mann, ſagt' ich heimlich, an den ich appelliren will, wenn Tummköpfe und Boshafte mich verfolgen; denn du gehörſt nicht zu der Rotte, an die der Menſchenkenner Wieland dachte, da er ſagte: „Es ſey eine geringe, Menſchen und Thie= „ren eigene Fähigkeit, Aehnlichkeiten zu finden, oh= „ne die Verſchiedenheiten zu bemerken. —‟ Weg war der Obriſt, und auf einmal knickten 5 oder 6 Damen, alt und jung in das Zimmer, die mir alle, bis auf eine, unbekannt blieben. Dieſe eine aber lernte ich zu ſpät näher kennen, wie meine Leſer bald ſehen werden. —

Denken Sie ſich die Ceremonien ſelbſt hinzu, lie= ber Leſer, und alle das fade was man beym Ein= tritt nach den Regeln ſagen muß, ehe man das Recht und die Zeit bekommt, etwas erträgliches oder kluges, oder nicht gewöhnlich abgeſchmacktes zu ſa= gen. —

Die Damen ſetzten ſich im Kreis, und — aber gedulten Sie ſich ein wenig! Es läßt ſich, wenn man nur nicht etwan heute erſt aus einer Wildnis kommt, leicht denken, daß ein halbes Dutzend Da=
men

men nicht einen Zirkel formiret, um still zu schweigen. Jede derer meinigen sagte etwas. Um mir und Ihnen das gar zu viele: sagen, und andre Weitläuftigkeiten zu ersparen, soll meine erste Dame A. heißen, und die andern alle, so viel ihrer, da seyn, das heißt: reden werden, sollen nach dem lieben a. b. c. folgen; so giebt es weder Rangstreit noch Commentarius, um Namen zu erkünsteln. —

Was ich mir aus ihrem Gespräch bemerkt habe, betraf mein Buch.

A. Haben Sie das neue Werkchen auch gelesen, Mesdames, das ich hier habe? —

B.
C.
D. } Welches? welches? welches? was für
E. } eins? — wie soll es heißen? — Ist es
F. französisch? —
G.

a. M. R. heißts. —

b.
c.
d. } O ja! u. s. w.
e.
f.
g.

A.) Mir hat es gefallen. —

B.) Es ist nun so! —

C.) Nein,

C.) Nein, es ist durchaus geistreich! —

D.) Geistreich? in der That, da muß ich lachen. —

E.) Gehen Sie doch! Der Autor ist ein ungezogner Mensch. Er nimmt sichs ja heraus, sich manchmal über unser Geschlecht aufzuhalten! Wenn solche Leute doch das Dogmatisiren nur bleiben ließen! —

F.) (Schwieg still. Ich wunderte mich über nichts so sehr, als hierüber. Muß dies nicht eine gedankenlose Dame seyn! dacht ich. Nicht einmal einen erbärmlichen Gedanken zu haben? Gewiß, das ist zu arg! — Ich konnte das Gesicht der Dame nicht sehen. —)

G.) Ach, mit der deutschen Lectür! ein wenig hab ich die Brochüre durchblättert; aber — nun einem Deutschen vergeb ichs, daß er keinen sens commun hat! —

A.) Eine Ehrenvolle Lobrede auf Ihren Vater, meine liebe G, und — wenn Sie erlauben — auch auf sich selbst! —

C.) Nichts hat mir besser gefallen, als daß er die Damen hinter den Gitterstühlen in der Dorfkirche lächerlich macht. Ich habe an Papas Richter gedacht. Sie kennen doch seine Frau? —

A.) Daß ja ja der Autor Das nicht erfährt, arme C!

(Gut,

(Gut, arme C. dachte ich, der Autor hat es er=
fahren. —).

D.) Er verachtet die *Nopleſs*, der Herr, und
denkt wunder, wie klug er das gemacht hätte! als
wenn's kein Mensch merkte, daß er ein bürgerlicher
iſt! Die Leute verachten das immer, was ſie nicht
erreichen können, und darnach laſſen ſie ſich doch ſo
gern *noplitiren*, wenn ſie's nur bezahlen können. —

A.) Ich beklage Sie herzlich, liebe D. außer Ih=
nen wird ihm ſchwerlich jemand dieſen unverdienten
Vorwurf machen, der ſich ſo leicht widerlegt, wenn
man nur leſen kann. —

(Wenn doch dieſe Dame ſich die zweyte Seite
meines Titulblatts hätte erklären laſſen! dachte
ich. —

B.) Seine Gaſtwirthstochter im Mond! — Es
giebt nichts einfältigers als das tumme Ding! —

G. Mesdames, was können Sie von einem deut-
ſchen Autor erwarten? —

B.) Ich ſehe überhaupt gar nicht, was für eine
Lectür dies Buch für Damen ſeyn ſoll? Was gehn
uns ſeine Philoſophen, ſeine Betteljungen und das
alles an? —

A.) Meine Freundinnen, Sie haben das Buch
geleſen, blos um ſich zu amuſiren. Der Autor iſt
ein großer Freund unſers Geſchlechts. —

C. Ja,

C. Ja, das denk ich auch! und er giebt allen
den Damen eine kleine Lection, die nur um des=
willen lesen. Ohne Eitelkeit! ich lese, um mich zu
bilden. —

B. In der That, man sieht das aus Ihrer Kritik und aus der Anwendung die Sie vorhin machten.

(Ein Intermezzo von 2 Fächern, durchaus wohl
ausgeführt.)

G. Glauben Sie mir Mesdames, die Brochüre
ist nicht werth, daß wir davon reden. Nichts geht
über den Esprit der Franzosen. Hab ich Recht Frau
von F? —

F. Ich spreche keiner Nation ihre Verdienste ab.

D. Nun, so sagen Sie uns doch Ihr Urtheil über
die Reisen. Es fehlt Ihnen ja sonst nicht an Geist,
und heute —

F. Ich will es sagen, so bald die Reihe an mich
kommt. —

(Alle.) O gleich! wir sind alle begierig! —

F. (sehr gleichgültig.) Mein Schwager ist der
Verfasser. —

Itzt kannte ich die stille Dame erst! Was machen
Sie, liebe Schwägerin? schrie ich, und schrie mich
selbst aus meinem Traum; denn, ich konnte es zu
keiner gelegenern Zeit thun, wie ich dafür halte.

Wer

Wer weiß was mir die Damen noch gesagt hätten, das ich nicht gern hören mag!

Schade ists, das gestehe ich gern, daß mich meine böse Schwägerin verrieth! Nun bin ich in gewisser Betrachtung der ganzen Welt entdeckt; (denn meinen Traum wollte ich doch gern aufrichtig erzählen,) und was meine Schwägerin sagte, ist schon mehr als zu viel, um mich auszukundschaften. Kurzum, sie ist eine Frau von F. und ich — nun, warum sollte ich natürlicher Weise nicht auch ein Herr von F. seyn, so gut als mein Bruder?

„Sehr albern war das geträumt, Herr von F.“

Wie so, meine Herrn? Weil der Traum so lang und hin und wieder so zusammenhängend ist? —

„O, nein! denn daß Sie wirklich so geträumt „haben sollten, das glaubt Ihnen ohnehin kein klu= „ger Mensch; aber, könnten Sie uns, zum Exem= „pel, nicht lieber sagen, was der Officier mit der „Dame anfieng, da der Präceptor hinausgegangen „war? Das hätte sich doch der Mühe ver= „lohnt! —“

Aber, liebe Herren, kann man denn träumen was man will? oder soll ich Ihnen von einer Sache Nachricht geben, von der ich kein Wort weiß? —

„Nun so konnten Sie besser erfinden! was geht „uns Ihr abgeschmacktes Buch an, und seine Schick= „sale? —“

O

So geht es mir selbst desto mehr an, und ich muß dafür sorgen, daß mir kein falscher Commentar gemacht werde. Meynen Sie, ich hätte mich umsonst, oder zum Zeitvertreib beynahe auf jeder Seite mit so mancherley Leuten gezankt? oder, wollen Sie bis ans Ende noch nicht einsehen, daß mein ganzes Buch eine Apologie ist, und was die Absicht desselben sey? —

„Aber lachen wollten wir; das war unsere Ab-
„sicht, und deshalb vergaben wir Ihnen die ewigen
„Gefechte mit den Kunstrichtern, von denen allen —
„vielleicht, keiner an Sie denkt! —"

Desto besser, wenn sie mir diese Ehre nicht erzeigen werden! Aber meynen Sie überhaupt, liebe Herrn Lacher, man gäb sich um Ihrentwillen die unselige Mühe, etwas von der Narrheit zu schreiben? Wehe dem Mann, der sich einer kleinen menschenfreundlichen Thräne schämet, wenn seine Wange beym Anblick eines Narren lächelt.

Errata.

Errata.

1) Wo der Leser das Wort: sagte findet, da denke er sich dasselbe, und streiche es aus seinem Exemplar aus.

2) Wo irgend einem der unselige Gedanke einfallen sollte:

„Zu dieser oder jener lächerlichen Copie hab ich „gesessen;“

so glaube er sicherlich, dieser und alle ähnliche Gedanken sind offenbar schlimmer als alle Errata

3) Sollte es sich aber — wie ich jedoch zur Ehre der Menschheit nicht wünsche! — zutragen, daß einer oder der andre meiner lieben Leser — denen ich allen, so wie meinen lieben Leserinnen, von Grund der Seele viel gesundes Blut, ein galleloses Herz, eine richtige Beurtheilungskraft, stets helle Augen, und die freundlichste Laune anwünsche, — von ohngefehr mitten im Lachen an seinen Nachbar dächte, so gebe ich mir hiermit die Ehre ihn zu benachrichtigen, daß er das Urbild — näher finden kann, und daß er alle Ursach von der Welt hat, Mistrauen in sein eignes Herz und Beurtheilungskraft zu setzen.